Die Löwen-Liga: Stolz schafft Erfolg

Roberto Wendt · Peter Buchenau ·
Zach Davis

Die Löwen-Liga: Stolz schafft Erfolg

Roberto Wendt
Vertriebscockpit Akademie*
Bremen, Deutschland

Peter Buchenau
Waldbrunn, Deutschland

Zach Davis
Inst. f. nachhaltige Effektivität
Peoplebuilding
Geretsried, Deutschland

ISBN 978-3-658-09352-5 · ISBN 978-3-658-09353-2 (eBook)
DOI 10.1007/978-3-658-09353-2

Die Deutsche Nationalbibliothek verzeichnet diese Publikation in der Deutschen Nationalbibliografie; detaillierte bibliografische Daten sind im Internet über http://dnb.d-nb.de abrufbar.

Springer Gabler
© Springer Fachmedien Wiesbaden GmbH 2016

Illustrationen: Marlena Reinert
Coverdesigner: deblik unter Verwendung von fotolia.de

Gedruckt auf säurefreiem und chlorfrei gebleichtem Papier.

Springer Fachmedien Wiesbaden GmbH ist Teil der Fachverlagsgruppe Springer Science+Business Media
(www.springer.com)

Geleitwort von Stephan Heinrich

„Hochmut kommt vor dem Fall!" Kennen Sie dieses Sprichwort? Ich habe es in meiner Jugend oft gehört. Ebenso wie „Eigenlob stinkt!" Bestimmt kennen Sie ähnliche Redewendungen, die man benutzt, wenn jemand stolz auf seine eigenen Leistungen oder Errungenschaften ist. Viele Menschen sind deshalb gehemmt, wenn sie ihre guten Seiten ins Rampenlicht rücken sollen.

Ich erinnere mich an den Vortrag meines geschätzten Kollegen Martin Limbeck auf dem US-amerikanischen Kongress der Vortragsredner vor wenigen Jahren. Während des Vortrags zeigte er ein Foto, auf dem sein Carport mit zwei schicken Sportwagen zu sehen war. Ich wage mir kaum vorzustellen, was die Reaktion gewesen wäre, wenn er das vor einem fachlich vergleichbaren Publikum von deutschen Kollegen in Deutschland getan hätte. Aber in USA kamen ehrlicher Applaus und freudige Zurufe. „Good Job!", „You made it!" oder „You are the best!" waren die spontanen Rufe aus dem Kreise der internationalen Kollegen. Und diese Kollegen freuten sich aus vollem Herzen über den Erfolg eines Kollegen, der in diesem Fall durch den Besitz zweier teurer Sportwagen zum Ausdruck kam.

Wenn man Erfolg hat, wirkt sich das früher oder später auch finanziell aus. Was spricht dagegen, diesen Erfolg zu genießen? Martin ist erfolgreich und zurecht stolz darauf. Schließlich ist der Erfolg selten ein Überraschungsgast. Jeder der wirklich erfolgreich ist, weiß, dass der Weg zum Erfolg gepaart ist mit Willenskraft, Mut und Ausdauer. Wenn man einen Erfolg feiern kann, ist es sicherlich gut, auch stolz darauf zu sein.

Was ist der Unterschied zwischen Überheblichkeit und Stolz? Die Antwort steckt schon im Wort selbst: Wer sich über andere erhebt, der ist eben nicht stolz auf seine Leistung, sondern erhöht sich auf Kosten anderer. Man muss nicht besser sein als alle anderen, um stolz zu sein. Es genügt, das Beste gegeben zu haben. Jeder, der schon einmal einen Stadtmarathon oder eine ähnliche Sportveranstaltung mitgemacht hat, versteht sicher, was ich meine. Die wenigsten Läufer treten an, um zu siegen, denn das kann nur der Erste. Aber fast alle Teilnehmer werden gewinnen. Sie werden über sich selbst hinauswachsen. Sie haben etwas nicht nur theoretisch erwogen, sondern tatsächlich gemacht.

Im Geiste sind wir alle Weltmeister. Leider weiß ich nicht, wem ich das Zitat zuschreiben darf: „Wir sind alle Wissens-Riesen und Umsetzung-Zwerge." Ich denke, das stimmt. Die besondere Leistung ist nicht das Wissen um den besten Weg, sondern das Risiko einzugehen, diesen Weg zu gehen und am Ende eine Erfahrung reicher zu sein. Schon der erste Schritt bei einem Marathon nach dem Start-Schuss kann ein ungeheures Gefühl von Stolz hervorrufen. Ich weiß, wovon ich rede.

Arriviertheit ist der vorzeitige Tod interessanter Karrieren. Vielleicht kennen Sie solche traurigen Schicksale, wo eine vielversprechende Laufbahn jäh endet, weil der ehemals erfolgreiche Mensch sich auf seinem Erfolg ausruht. Der anfänglich berechtigtet Stolz auf herausragende Leistungen versteinert und wird vom Strom des Lebens unterspült. Zurück bleibt eine Ruine. Wer denkt, er sei angekommen, bewegt sich nicht mehr. Und genau dieses Angekommen sein, steckt in dem französischen Wortstamm von Arriviert. Machen Sie nicht den Fehler, sich auf den Lorbeeren vergangener Leistungen auszuruhen. Es ist gut, stolz zu sein, aber das Leben geht weiter. Die Welt entwickelt sich und jeden Tag entsteht ein neuer Gedanke, der Ihre Leistung von gestern im übertragenen Sinne ins Postkutschen-Museum abschieben könnte.

Besteht nicht die Gefahr, als arrogant wahrgenommen zu werden, wenn man stolz auf seinen Erfolg ist? Aber ja. Die Gefahr besteht. Ich denke, dass Arroganz ausschließlich im Auge des Betrachters entsteht. Man sieht jemanden auf dem Siegertreppchen stehen und die Medaille entgegennehmen. Dann kommt das Siegerlächeln und wir denken „Mann, ist der arrogant!" Aber vielleicht ist es nur ehrliche Freude. Ganz ohne die Wettbewerber zu erniedrigen. Einfach nur Freude über den Erfolg. Das ist nur dann arrogant, wenn ich selbst gerne dort stehen würde. Wenn ich den Erfolg Anderer gelassen feiern kann, dann empfinde ich diese Gewinner nicht als arrogant. Nur wenn ich mich selbst dorthin wünsche, gebe ich dem anderen diesen unfairen Titel.

Und da sind wir wieder beim dem ersten Gedanken dieses Vorworts angekommen, mit dem ich jetzt auch schließen will: Scheren Sie sich bitte nicht so viel darum, was die anderen Menschen denken, wenn Sie Ihre Erfolge voller Stolz feiern. Und wenn Sie genug gefeiert haben, nehmen Sie die Medaille und den Siegerkranz wieder ab und legen Sie beides in den Trophäenschrank. In stillen Momenten können

Sie sich ja noch daran erfreuen, aber die Welt da draußen müssen Sie nicht dauernd an Ihre Erfolge aus dem letzten Jahrzehnt erinnern.

Als ich zugestimmt hatte, das Vorwort zu diesem Buch zu schreiben, war ich zunächst unsicher, ob Stolz wirklich eine Ursache für Erfolg ist. Jetzt, wo ich das Manuskript gelesen habe und je länger ich darüber nachdenke, wird mir klar, dass Stolz ein wichtiger Baustein für Erfolg ist. Wer nicht nur denkt, sondern den Mut aufbringt, auch etwas zu tun, der darf stolz auf seine Taten sein. Dieser Stolz kann ein entscheidender Motor für den Willen sein, den Sie brauchen werden, um den Erfolg zu erreichen, den Sie verdient haben.

Tun Sie es und seien Sie stolz!

Stephan Heinrich

stephanheinrich.com

Vorwort von Roberto Wendt

Lono und Kimba sind durchweg in ähnlichen Situationen, meistern die Aufgaben jedoch völlig unterschiedlich. Während Lono sich immer bemüht, alles möglichst gut zu machen, fehlt es ihm manchmal an etwas Glück oder auch am Durchhaltevermögen. Er ist sehr gut ausgebildet und hin und wieder etwas oberflächlich, denn eins ist klar: Als Löwe gehört man in die erste Reihe der Nahrungskette. Leider reicht dies alleine in seinen Projekten, die er meistern muss, meistens nicht aus. Und so sitzt Lono in der Achterbahn der Anerkennung. Er schafft es selten, sich auf das Podest des Stolzes zu stellen und nimmt sich selbst die Energie, die er bei einigen Projekten dringend nötig hätte, um diese zum Erfolg zu führen.

Kimba hingegen ist da ganz anders. Was er beruflich macht, hat er nicht wirklich gelernt. Und das Geniale ist: es ist ihm auch egal. Denn er hat so viel Empathie, dass er bei jedem Projekt allein durch seine Talente, die Aufmerksamkeit, die Wachheit und die Neugier die Erfolge einstreicht, wie sich andere morgens das Nutella aufs Brot schmieren. In seiner Unbedarftheit verfängt er sich nicht in eingefahrene Bahnen, sondern sieht die Dinge aus der Vogelperspektive. Zurecht kann Kimba seinen Stolz feiern, denn es gelingt ihm auf die verschiedensten Arten die Aufgaben zum Erfolg zu führen.

Beide Löwen sind in unterschiedlichen Situationen, die ebenso unterschiedlich gelöst werden. Die wichtigsten Punkte, die den Ausschlag für Kimbas Erfolg bringen, sind immer in drei Punkten für die eigene Umsetzung zusammengefasst. Ebenso gibt es die Löwenweisheiten, die jedes Thema noch einmal mit einem gleißenden Scheinwerferlicht beleuchten. In der Sprache sind beide Löwen sehr eng an den Dingen, die unseren Alltag bestimmen, also Löwen zum Anfassen, Knuddeln und Streicheln – gut, empfehlen würde ich das bei einem echten Löwen nicht, denn die sind verdammt schnell und man weiß nie, ob sie schon gefrühstückt haben.

Nehmen Sie die Haltung eines Zuschauers ein und lassen Sie die Löwen auf ihren jeweiligen Spielwiesen gewähren. Dann schauen Sie, welche kleinen Stellrädchen Sie für sich verändern können. Bei dem einen passt dies, bei den anderen das. Die Geschichten zeigen Ihnen, wie relativ unser Alltag ist und dass es nichts gibt, was wir für uns nicht lösen können.

Natürlich stecken auch in diesem Band der Löwen-Liga eigene Wahrnehmungen. Denn in vielen Situationen stand ich vor ähnlichen Aufgabenstellungen. Und mit einem Augenzwinkern sowie etwas Abstand sind Situationen, die so unlösbar mächtig erscheinen, dann so klein und verlieren sich wie Staubkörner im Wüstensand, dass man über sich selbst lachen muss. In mehr als 1000 Projekten und jahrelangen Erfahrungen im Verkauf haben sich eine Unmenge Geschichten angesammelt, deren Kern dann doch immer wieder gleich ist: „Wenn Du Dein Ziel klar formuliert hast.

Wenn Du den Weg dahin mit großen roten Wimpeln abgesteckt hast. Wenn Du bei den Meilensteinen leckere Imbissstände aufgebaut hast. Und Du es schaffst, Kilometer für Kilometer, diesen Weg, der Dein Weg ist zu gehen. Dann kannst Du voller Stolz auf jede Deiner Taten zurück blicken. Das gibt Dir eine entfesselte Lebenskraft, die Dich durch alle Lebens-Täler katapultiert. Ja, wir dürfen zu Recht auf das Stolz sein, was wir geschaffen haben. Genieße auch Du diesen Moment.

Roberto Wendt, Unternehmer | Autor | Redner

Vorwort von Peter Buchenau und Zach Davis

Die Löwen-Liga „Stolz schafft Erfolg" steht wie schon das Originalbuch „Die Löwen-Liga: Tierisch leicht zu mehr Produktivität und mehr Stress" von Zach Davis und Peter Buchenau für eine Welt, die sich permanent verändert und deren Anforderungen fast täglich steigen. Ähnlich der Champions League beim Fußball ist dieses Buch für die Königsklasse geschrieben, also für jene Menschen, die sich nicht mit dem Alltäglichen zufrieden geben, sondern mehr wollen vom Leben.

Dieses Buch wurde geschrieben, um speziell Personen zu helfen, für die Anerkennung ein sehr wichtiger Bestandteil im Leben ist. Die stolz auf das sind, was diese Menschen erreicht haben. Die beiden Löwen Lono und Kimba zeigen auf, warum es wichtig ist, sich immer bewusst zu machen, was man bisher geleistet hat – auch wenn vielleicht nicht alles immer geradlinig verläuft.

Mit dem bewährten Blick aus der Löwenperspektive zeigen die Autoren, dass Stolz so viel positive Energie auslöst, die einen unweigerlich in eine große Erfolgsstory führt. Mit den Geschichten von Lono, der zwar kein Loser ist, aber nicht immer erfolgreich agiert, und Kimba, der mit durchdachter Strategie und großem Selbstbewusstsein seinen Weg geht, stehen wieder die beiden Löwen im Mittelpunkt, die für den Leser nachvollziehbare Situationen aufzeigen. Das Buch aus der Löwen-Liga-Reihe vermittelt auf humorvolle und augenzwinkernde Weise wertvolles und hochaktuelles Motivationswissen. Kimbas Erfolgsrezept – seine Schatztruhe mit Erfolgen – hilft auch Ihnen, weiterhin erfolgreich zu bleiben!

Verehrte Leserin, verehrter Leser, dieses Buch handelt wie das Originalbuch der Löwen-Liga von zwei Löwen, die seit Jahren in der Löwenliga leben. Sie haben beide ähnliche Voraussetzungen: Intelligenz und eine gute Ausbildung. Sie entwickeln sich in vielen Punkten parallel, aber an manchen entscheidenden Stellen haben sie wieder unterschiedliche Sichtweisen und treffen natürlich unterschiedliche Entscheidungen. Daher erzielen sie auch, wen wundert es, unterschiedliche Resultate.

Dieses Buch ist keine Fortsetzung des Erstbuchs im Sinne einer an allen Stellen konsistenten Handlung. Dieses Buch behandelt eine ganz neue Geschichte, wie Individuen, in diesem Fall Löwen in der Löwen-Liga, sich unter gleichen Voraussetzungen unterschiedlich entwickeln können.

Einen großen Dank gilt es in diesem Buch an Roberto Wendt auszusprechen. Roberto ist der maßgebliche Autor des Buches und er hat viele dieser kleinen Unterschiede selbst er- und durchlebt. Profitieren Sie vom Wissen aller Mitwirkenden, vor allem der zwei Löwen Kimba und Lono.

Peter Buchenau und Zach Davis

Die Autoren

Roberto Wendt ist studierter Pädagoge in den Fachrichtungen Kunst und Germanistik. Bisher hat er über 1000 Unternehmen auf den Gebieten Marketing und Verkauf beraten und begleitet. Jährlich macht Wendt über 100 Trainings und über 50 Beratungsprojekte. Darüber hinaus hat er einige Marken kreiert und in zahlreichen Berufen gearbeitet (Schrotthändler, diverse Tätigkeiten in der Landwirtschaft, Führungskraft in diversen Konstellationen, Sozialpädagoge, Leiter eines Jugendhauses, Software-Supporter, Software/Hardware-Verkäufer, Autor, Verleger, Marketing im Fahrzeugbau, Marketing und Vertrieb in der Personaldienstleistung, Interims-Marketingleiter im Engineeringunternehmen, Inhaber und Gründer einer Kunstgalerie, Kursleiter in der Weiterbildung, Inhaber und Gründer einer Marketing- und PR-Agentur, Inhaber der Vertriebscockpit® Akademie und des Talent-Institutes), Redner mit einem eigenen Format (Wissen trifft Show) und Kollegen unter der Marke HanseSpeaker®.

Peter Buchenau Ratgeber, Redner, Kabarettist

Peter Buchenau gilt als der Chefsache Ratgeber im deutschsprachigen Raum. Der mehrfach ausgezeichnete Führungsquerdenker ist ein Mann von der Praxis für die Praxis, gibt Tipps vom Profi für Profis. Auf der einen Seite Vollblutunternehmer und Geschäftsführer der eibe AG, einem der Marktführer für Spielplätze und Kindergarteneinrichtungen, auf der anderen Seite Redner, Autor, Kabarettist und Dozent an Hochschulen. Seinen Karriereweg startete er als Führungskraft bei internationalen Konzernen im In- und Ausland, bis er schließlich 2002 sein eigenes Beratungsunternehmen gründete. Sein breites und internationales Erfahrungsspektrum macht ihn zum gefragten Interim Executive, Experten und Redner. In seinen Vorträgen verblüfft er die Teilnehmer mit seinen einfachen und schnellnachvollziehbaren Praxisbeispielen. Er versteht es wie kaum ein anderer, ernste und kritische Führungsthemen, so unterhaltsam und kabarettistisch zu präsentieren, dass die emotionalen Highlights und Pointen zum Erlebnis werden. Weitere Informationenunter www.peterbuchenau.de

Die Veröffentlichungen:

1. Buch „Der Anti-Stress-Trainer – 10 humorvolle Soforttipps für mehr Gelassenheit"
2. Buch „Die Performer-Methode – Gesunde Leistungssteigerung durch ganzheitliche Führung"
3. Buch „Burnout 6.0 – Von Betroffenen lernen"
4. Buch „Nein gewinnt"
5. Buchreihe „Die Löwen-Liga"
6. Buch „Chefsache Gesundheit"
7. Buch „Chefsache Prävention"
8. Buch „Chefsache Betriebskita"
9. Buch „Chefsache Prävention II"
10. Buch „Chefsache LS-Syndrom"
11. Buch „Chefsache Social Media Marketing"

Ihr Kontakt:
The Right Way GmbH, Geschäftsführer Peter Buchenau,
Röntgenstraße 20
97295 Waldbrunn, Tel: +49-9306-984017
speaker@peterbuchenau.de
www.peterbuchenau.de

Zach Davis „Infotainment auf höchstem Niveau!"
(Handelsblatt über Redner Zach Davis)

Der Redner:
Zach Davis begeistert seit über einem Jahrzehnt auf 120 bis 160 Veranstaltungen jährlich durch seine mitreißende Rhetorik, seine Tipps mit einem Sofort-Nutzen und seine sehr unterhaltsame Art. Zach Davis ist (fast) immer der richtige Redner für Ihre Veranstaltung!

Die Schwerpunkte:
Zach Davis thematisiert zwei spezielle Herausforderungen:

1. Die steigende Informationsflut und

2. Die zunehmende Zeitknappheit.

Mit seinen Schwerpunkten „PoweReading" und „Zeitintelligenz" liefert er jeweils entscheidende und sehr pragmatische Lösungsbeiträge hierzu.

Die Veröffentlichungen:

1. Bestseller-Buch „PoweReading®", 6. Auflage (Leseeffizienz)
2. Video-DVD „PoweReading®-Automatic-Trainer" (Leseeffizienz)
3. Video-CD „Power-Brain" (Merkfähigkeit)
4. Bestseller-Buch „Vom Zeitmanagement zur Zeitintelligenz"
5. Video-DVD „Der Effektivitäts-Code©: Mehr schaffen in weniger Zeit"
6. 8-teilige Audioserie „Der Effektivitäts-Code©: Hochproduktivität"
7. Jahresprogramm „Der Effektivitäts-Code©: Gewohnheiten leicht ändern"
8. Buch „Zeitmanagement für gestiegene Anforderungen"
9. Buch „Zeitmanagement für Steuerberater"
10. Buch „Zeitmanagement für Rechtsanwälte"

Filme über Zach Davis:
www.peoplebuilding.de/zach-davis/vita-film

Ihr Kontakt:
Peoplebuilding, Management Zach Davis, Egerlandstr. 80, 82538 Geretsried, Tel.: +49-8171-23842-00, info@peoplebuilding.de, www.peoplebuilding.de.

Unterlagen (Portrait, Referenzschreiben etc.) erhalten Sie auf Anfrage gerne!

Inhaltsverzeichnis

1

Die unbändige Kraft beim Start in einen neuen Beruf

Lono

© Springer Fachmedien Wiesbaden 2016
R. Wendt et al., *Die Löwen-Liga: Stolz schafft Erfolg*,
DOI 10.1007/978-3-658-09353-2_1

Der Applaus brandet auf. Die Haare stehen zu Berge und das Trampeln der vielen Tiere versetzt die Aula in eine Hölle aus Lärm. Was für eine Begrüßung. Lono hat das so nicht erwartet. Als zweiter wird er auf die große Bühne geholt, vor alle anwesenden Kommilitonen und den Eltern, die ihren Nachwuchs gebührend feiern. Nach sechs Jahren an der besten Universität des ganzen Kontinents ist er schon stolz, als Zweitbester seines Jahrgangs so großartig abgeschnitten zu haben.

Der Rektor der Universität, an der IT-Experten ausgebildet werden, ein stattlicher alter Löwe mit einer langen bauschigen grauen Mähne und einer modischen Brille, überreicht Lono feierlich die Urkunde. Lono merkt, wie sich sein Rücken strafft und er mit leuchtenden Augen in das Publikum strahlt. Natürlich würde er sich noch mehr freuen, wenn auch seine Eltern diesem Moment miterleben würden. Leider sind Lonos Eltern zu einem sehr frühen Zeitpunkt bei einem Jagdunfall ums Leben gekommen. Er kann sich noch ganz genau daran erinnern, wie sie als Löwenkinder so richtig ausgiebig gespielt haben und mit einem Mal, wie aus dem Nichts, dieser Jeep mit den Männern und ihren Waffen auftauchte. Es ging damals alles so schnell und die Eltern wollten sie beschützen, darum sind sie direkt auf den Jeep zu gerannt, um die Jäger von den Kleinen abzulenken. Drei Schüsse und dann war es still, sehr still. Die Kleinen haben sich dann ins hohe Gras verkrochen, waren ganz leise und erst als die Nacht über die Savanne hereinbrach, trauten sie sich aus der Deckung. Da saßen schon die Geier auf den leblosen Körpern seiner Eltern. In Momenten wie diesen vermisst Lono seine Eltern noch mehr als sonst.

Wenn Lono an seine Schul- und Studienzeit zurückdenkt und sich an Momente erinnert, in denen er ein Lob, einen Orden, eine Urkunde, den tosenden Applaus – was auch immer erhalten hat – so hat er sich immer gewünscht, dass ihn jemand lobt. Er ist so hungrig nach Anerkennung, da ihm dieses Lob die ganzen Jahre über gefehlt hat. Denn das Studium ist für Lono eine grandiose Leistung, die ihn jedes Jahr auf Neue herausgefordert hat.

Lono ist sich sicher, dass seine Eltern ihm das mitgegeben haben, was möglich war, die Begabung, Wissen schnell auswendig zu lernen, die richtigen Stellen in Büchern zu lesen, logisch zu denken und auch die Folgen von getroffenen Entscheidungen richtig bis in die letzte Konsequenz zu bedenken. So war es Lono gelungen, in der letzten Sommerakademie den Schachgroßmeister, die weise Eule, die seit 25 Jahren dieses Turnier gewinnt, zu schlagen. Denn Lono kann sich jeden Zug bildlich vorstellen und das, was der Gegner darauf erwidert, in Sekunden durchdenken. Eine Gabe, für die ihn viele auf der besten Tier-Universität des Kontinents beneiden.

Der aufbrandende Schlussapplaus, die gellenden Pfiffe und die ermutigenden „Hoch"-Rufe für die zehn Besten des Jahrganges reißen Lono aus seinem Tagtraum. Etwas benommen steigt er die Treppe auf dem roten Samtteppich herunter und ihm wird klar, dass er jetzt das schützende Haus des Studiums verlassen muss. Was für ein Glück, dass er vor vier Wochen diesen Anruf vom Headhunter bekommen hatte. Wow, war das ein Vorstellungsgespräch. Schon beim Anblick der Firmenzentrale, diesem modernen Gebäude aus weißen Betonflächen, spiegelnden Glaselementen und dem Teppichboden mit dem Firmenlogo, war ihm klar, dass sicherlich ein lohnendes Vorstellungsgespräch vor ihm liegen würde. Während des Studiums hatte er von der Firma schon einiges gehört. Selbst die Tochter von Konrad Zuse war noch dabei, als es in den 90er-Jahren eingeweiht wurde. Einige seiner älteren Kollegen hatten hier erstklassige Jobs gefunden und nun war auch er an der Reihe, beweisen zu dürfen, dass er in so einem innovativen Unternehmen nützlich sein würde.

Allerdings wusste Lono noch nicht so genau, was er konkret tun möchte. Er war begierig darauf, zu zeigen, was in ihm steckte. Sicherlich, im Bereich der Datenbankprogrammierung war er richtig fit. Die Software für die Verwaltung des Nationalparks war eine einfache Aufgabe und die hatte er mit Bravour gelöst. Jetzt konnten die Ranger alle Tiere und deren Familienstämme lückenlos registrieren. Und auch die Besucher konnten genau verfolgen, wo sich welches Rudel gerade im Park bewegte, denn durch das innovative GPS-System waren die unterschiedlich leuchtenden Punkte der verschiedenen Tierherden sehr leicht zu erkennen. Aber das auf Dauer jeden Tag tun, immer vor dem Rechner sitzen? War das, das was Lono wollte? Mal sehen, was sie ihm noch anbieten würden.

In dem Vorstellungsgespräch stellte sich schnell heraus, dass Lono in Projekten bei Kunden arbeiten würde. Eine ideale Mischung, wie er fand. So konnte er seine phänomenalen Kenntnisse in der Programmierung koppeln mit der Kommunikation, die ihn zwangsweise in den Kundenprojekten begleiteten würde. Das passte.

Und so nimmt Lono Abschied vom eingespielten Alltag an der Uni und weiß sicher, was er ab morgen tun wird.

Die drei Wochen Urlaub vergehen wie im Flug, er geht mal wieder auf Safari, an der Südspitze des Kontinents, lässt sich noch einmal kräftig die Mähne vom Atlantikwind durchblasen und ist sich sicher, jetzt absolut fit zu sein, für den Neubeginn.

Sein erstes Projekt. Eine einfache Einführung der Software bei einem größeren Kunden, inklusive der Anpassung der Standards an die vorhandene IT-Umgebung. Das sollte kein unlösbares Hindernis darstellen. Denn Lono ist topfit, weiß, wie die Software funktioniert und was man damit darstellen kann. Auf den Termin bereitet er sich kurz vor, denn ein Briefing seitens des Kunden gibt es anscheinend nicht und sein Kollege kommt mit, da kann er auch fragen, wenn etwas unklar ist. Und außerdem, wer die Eule als Schachweltmeister schlägt, dem wird ja wohl so ein kleines Projekt einfach von der Tatze gehen.

Die Mitarbeiter des Kunden warten schon ganz gespannt darauf, dass Lono und sein Kollege ihnen zeigt, wie sie effektiver, schneller und vor allem kostengünstiger mit der neuen Software arbeiten können. Es folgt eine kurze Begrüßung, die atmosphärisch kurz unter dem Gefrierpunkt liegt, aber professionell freundlich durchgeführt wird. Dann geht es los. Programm aufgeklickt und Lono fängt an zu erklären, was die Mitarbeiter wo eintragen müssen. Nach etwa 30 Minuten merkt Lono, dass hier etwas nicht stimmt, und er fragt die Mitarbeiter, warum ihre Gesichter immer mehr Falten ziehen. Sie antworten, dass sie erwartet hätten, das Lono ihnen die bestellten, ergänzenden Softwarebausteine mitbringt und erklärt. Und dann poltert der Firmenchef herein. Völlig außer sich, den Kopf zum roten Luftballon angefüllt, redet er auf Lono und seinen Kollegen ein, dass das alles ein Nachspiel haben wird und das er sein Geld zurück fordern wird, und was die beiden sich überhaupt einbilden, hier so unvorbereitet aufzutauchen. Er habe alles bis in Detail abgesprochen und jetzt so ein Desaster. Das Projekt läuft völlig aus dem Ruder. Lono nimmt sein Telefon und ruft erst einmal seinen Verkaufsleiter an. Der sagt ihm, er hätte ihm doch alles gegeben und ihn entsprechend gebrieft.

Jetzt fühlt sich Lono schlecht, als wäre in seiner Magengegend gerade eine Boxerfaust gelandet. Und allein fühlt er sich auch noch, denn sein Kollege schüttelt nur mit dem Kopf. Was war eigentlich passiert? Lono hatte sich auf die reine Softwarelösung und sein fachliches Können konzentriert, und dabei das eigentliche, warum das Unternehmen diese Software einsetzen wollte, komplett aus den Augen verloren. Er war so von sich überzeugt, die Dinge dann vor Ort schon zum Laufen zu bringen, dass er gar nicht auf die Idee gekommen war, sich anders vorzubereiten. Lono hatte nicht gefragt, warum und wozu das Unternehmen die Bausteine einsetzen wollte und wenn er jetzt so darüber nachdachte, dann konnte es schon sein, dass sein Chef ihm etwas gesagt hatte, er solle eine Lösung ausarbeiten und noch Erweiterungen installieren. Allerdings dachte er, dass das in dem Projekt gemacht werden sollte, so wie er es im Studium gelernt hatte: alles Schritt für Schritt.

Jetzt jedenfalls geht hier nichts mehr weiter. Er packt seine Sachen zusammen und geht mit hängendem Kopf zurück, zu seinem gelbbraunen Safarijeep, mit den rostigen Einstiegsschwellen. Er muss erst einmal nachdenken, so jedenfalls hatte er sich sein erstes Projekt nicht vorgestellt. Lono ist komplett gescheitert. Und das bei so einem einfachen Projekt. Theorie und Praxis sind eben zwei komplett unterschiedliche Dinge. Denn im Studium hat Lono immer alles bestens verstanden, er hat jede Theorie, jede Methodik und jedes Konzept inhaltlich wiedergeben können. Aber hier, im Alltag, wo seine Firma ihm vertraut hat, hat er komplett versagt.

Zurück im Büro geht es dann weiter. Der Kunde, ein wirklich mächtiger Elefant, hat bei seinem Geschäftsführer ordentlich rumgepoltert und einiges an Porzellan zertrümmert. Was er sich denn einfallen ließe, ein solches Jungtier, dass ja noch grün hinter der Mähne sei, ausgerechnet zu ihm zu schicken, und vor allem, wie viel Geld es ihm gekostet hätte, seine Mitarbeiter an dem Tag zur Schulung zusammen zu bringen. Lono fühlt sich wie auf einem Schleudersitz, nur ist der nicht fest verankert, sondern ohne Fallschirm bereits in der Luft unterwegs. Zu allem Überfluss findet er auf seinem Schreibtisch die Kundenunterlagen, die er mit seinem Chef vor zwei Wochen besprochen hatte. Jetzt sitzt er da, Zweitbester in seinem Jahrgang, und nicht in der Lage, ein so einfaches Projekt fachlich und menschlich unter Dach und Fach zu bringen. Lono ist eine Niete. Was nun?

Lono ist bisher nicht klar gewesen, was es bedeutet, wenn ein Unternehmen all seine Ressourcen für eine Schulung an einem wertvollen Arbeitstag bündeln muss. Die führenden Mitarbeiter müssen ihre Wasserlöcher für einen Tag unbeaufsichtigt lassen und den weiten Weg durch den Dschungel zum Hauptquartier finden. Im Studium war Zeit nicht der entscheidende Faktor. Die Projekte, die sie gemacht hatten, konnten zeitlich flexibel gehandhabt werden. Keiner seiner Professoren oder Doktoren hatte etwas in Richtung Zeitmanagement und Zeitverfügbarkeit bei mittelständischen Unternehmen vermittelt. Es gab immer genügend Ressourcen. Wie also sollte Lono das in Zukunft lösen?

So richtig versteht er seine Welt nicht mehr. Top ausgebildet und dann das Versagen in so einem überschaubaren Projekt. Er hatte sich fit und stark, ja überlegen gefühlt und ist dennoch gnadenlos gescheitert. Es ist ihm nicht gelungen, seine Theoriekenntnisse und die Anforderungen in der Praxis in eine Balance zu bringen.

Für künftige Projekte, so es denn welche geben wird, wird er sich wesentlich besser vorbereiten.

Am Tag darauf erfährt Lono, dass er an diesem Projekt nicht mehr arbeiten wird. Zu groß ist das Risiko, dass sein Unternehmen den Kunden komplett verliert, denn dieser ist außerdem in seiner Branche ein Stimmungsmacher. Wie kann Lono Sozialverhalten und Empathie lernen? Es ist ihm schon klar, dass er genau in den Punkten gescheitert ist, denn nicht alles lässt sich logisch erklären und begründen, oftmals geht es um mehr, zum Beispiel um Intuition. Bisher ist das nicht so extrem ins Gewicht gefallen, weder im Internat noch in der Schule, von seinen Eltern hat er es schon gar nicht gelernt, da die so früh gestorben sind. Da bleibt nur eins: sich einen Partner zu suchen, der ihn weiterbringen wird.

In welchen Projekten bist Du gescheitert?
Scheitern gehört dazu und ist Teil des Lernprozesses. Das Gute daran ist, dass es immer wieder Situationen geben wird, in denen wir scheitern. Und das ist gut so. Denn durch den Lerneffekt und die Demut erhalten wir den Ansporn, beim nächsten Projekt aufmerksamer zu sein, und

entwickeln Ideen neue Aspekte einzubringen, zu testen und das, was funktioniert weiter zu entwickeln.

Kimba
Was für ein heißer Laden. Die Süße am Empfang hat genau den Bodymaßindex, auf den Kimba abfährt. Er selbst fühlt sich bestens gerüstet für die Anforderungen in seinem neuen Job. Er hat zwar keine Ahnung von dem, was er da jetzt tun soll, aber so ging es ihm im Studium ja auch meistens. Den Einstellungstest in der Softwarefirma meistert er, ohne sich die Haare zu raufen, das geht relativ leicht. Er ist es durch sein Studium gewohnt, schnell umzuschalten, sich auf neue Aufgabenstellungen einzulassen und eigene Lösungswege zu finden. In seinem Studium-Rudel war er nicht der fleißigste, wohl aber derjenige mit dem besten Überblick. So gelang es Kimba spielend seine vielfältigen sportlichen Aktivitäten, wie die Jagd nach Bällen oder die Meisterschaften im internationalen Löwenbrüllen, stets mit seinem Studium in Einklang zu bringen. Darüber hinaus war er maßgeblich an neuen Showformaten beteiligt, mit denen die Männchen den Weibchen zeigten, was sie alles drauf haben, und zugleich um deren Kunst buhlten. Ganz stolz kann er von sich sagen, dass er Affären mit ziemlich vielen attraktiven Weibchen hatte. Ein unstillbarer Durst nach Bestätigung seiner Coolness.

Jetzt geht es darum, dass Kimba möglichst schnell mit den vielen Funktionen der neuen Software zurechtkommt. Denn neben dem Verkaufen der Software ist es sein Job, diese bei den Kunden einzuführen, das heißt, dafür zu sorgen, dass die Kunden damit entspannt und zielgerichtet arbeiten.

Während des Studiums, das ein reines Pädagogikstudium war, hatte Kimba keine Möglichkeit, an einem Rechner zu arbeiten. Da ging es eher klassisch zu. Bücher in der Bibliothek wälzen und sich das Wissen daraus selbst aneignen oder es in einen neuen Sachverhalt zu stellen. Genau das half auch hier. Da Kimba es als studierter Lehrer gewohnt war, sich einen Plan zu machen, folgt er diesem auch hier. So studiert er die Grundfunktionen der einzelnen Softwareprogramme und geht dann Schritt für Schritt vorwärts, wie er das bei einem möglichen Kunden anwenden würde. Detailliert macht er sich zu jedem einzelnen Programmteil, ob Buchhaltung, Lagerverwaltung, Angebotswesen oder Anlagenbuchhaltung, einen Ablaufplan. Durch seine im Studium gelernte flexible Denkweise geht das relativ schnell. Was für ihn immens wichtig ist: was soll das Ergebnis, das Ziel, sein? Was bringt dem Kunden einen Vorteil?

Nach drei Monaten ist Kimba genau so fit wie die anderen Löwenmännchen und Löwinnen, mit denen er in dem Softwareunternehmen neu begonnen hatte. Jetzt geht es darum, sich zu spezialisieren. So nimmt Kimba an den ersten Gesprächen mit Kunden teil. Ausnahmsweise sitzt er noch etwas schüchtern mit seiner großen Mähne am Rand des Geschehens und beobachtet, was der Rudelführer für eine Taktik einschlägt, um sich die Gunst des anderen Rudels zu erwerben. Er bekommt schnell mit, auf was es im Einzelnen ankommt und welche Worte was bei seinem Gegenüber auslösten.

Da Kimba schon seit seiner Jugend immer nebenher gearbeitet hatte, kennt er sich auf dem Bau gut aus. Denn diese ist die Hauptzielgruppe für die Software seines Arbeitgebers,

Unternehmen aus dem Bauhaupt- und Baunebengewerbe. Diese wollen einfach nur ein Werkzeug haben, mit dem sie schnell und einfach und dennoch präzise ihren Arbeitsalltag organisieren können. Es geht nicht darum, wie das Softwareprogramm arbeitet, sondern darum, wie leicht die Arbeit, dadurch erledigt werden kann. Ob nun die Angaben dort oder dort eingetragen werden, ist nicht relevant, wichtig ist, WARUM diese gemacht werden und dass diese nur VOLLSTÄNDIG zu einer optimalen Lösung der Alltagsaufgaben beitragen werden. Das kennt Kimba und es kommt ihm vertraut vor. Er hat also immer den Überblick und weiß, warum welcher Schritt welchen Sinn hat, um dann das gewünschte Ergebnis zu erhalten.

Kimbas erster Kundenbesuch. Gleich etwas von der besonderen Art. Diese haben zuvor mit einem anderen Programmhersteller gearbeitet und vor allem das Weibchen war nicht damit einverstanden, dass es sich jetzt neu anlernen lassen sollte. Das weiß Kimba natürlich beim ersten Termin noch nicht. Voller Elan stürzt er sich in die Aufgabe, ist bestens vorbereitet und fängt an, dem Weibchen, einer Hyäne, zu erklären, was sie wie wo eintragen müsse, um sehr schnell von dem Programm einen großen Nutzen zu haben. Allerdings wirft sie ihm bei fast jedem Erklärungsschritt die Aussage entgegen: „Das ging in dem anderen Programm aber ganz anders." Nun ist Kimba durch sein pädagogisches Studium natürlich bestens geschult, denn Kinder in der Schule anzuleiten, ihnen etwas völlig Neues beizubringen, ist nichts anderes. So muss er schmunzeln, und es gelingt ihm, diese Hartnäckigkeit mit der Geduld, die bei jeder Jagd notwendig ist, zu lösen. Er erklärt, warum die Software anders funktioniert, und kann zugleich der Hyäne zeigen, welche

Zeitersparnis sie später dadurch hat, wenn denn alles eingerichtet sei. Nach kurzer Zeit zerbröselt ihr Widerstand, denn sie begreift, dass die vor ihr liegende Lösung für sie eine wesentliche Zeitersparnis darstellt. Wieder einmal kann Kimba zeigen, dass es zwar auf die einzelnen Details ankommt, aber nur solange, wie diese in einem klangvollen Orchester zusammen spielen, die Melodie dann harmonisch in den Kundenohren klingt.

Kimba hat im Studium gelernt, wie man jungen Löwenweibchen und Löwenmännchen lesen, schreiben, und die Kunst der kreativen Gestaltung beibringt. Durch die Art und Weise, wie er es gelernt hat, kann er das leicht auf die aktuellen Herausforderungen in seinem völlig neuen Job übertragen. Und es ist wichtig, diesen einen Schritt zurück zu gehen, sich die Dinge, die wir täglich tun, von außen anzusehen.

Die Löwin ist nach drei Tagen in der Lage, ihre gewohnten Tätigkeiten mit derselben Geschwindigkeit wie zuvor abzuarbeiten und spart bereits nach zwei Wochen einiges an Zeit, die sie nun auf neue Tätigkeiten verwenden kann. Kimbas Chef kommt voller Stolz zu Kimba und erzählt ihm, wie zufrieden der Kunde mit der Arbeit von Kimba ist und dass er vorher nicht gedacht hätte, dass dies möglich sein würde, denn er weiß, wie kompliziert die Hyäne in diesem Punkt ist. Super, Kimba fühlte sich bestätigt und hungrig nach weiteren Aufgaben, hätte aber auch gerne Kunden, die nicht immer so speziell sind. Etwas leichter dürfte es schon werden.

In den folgenden Projekten beweist Kimba, dass es drei wesentliche Aspekte gibt, die fast automatisch zu einem Erfolg im Projekt führen:

1. Verschaffe Dir einen Gesamtüberblick über die komplette Situation, das Projekt, die Aufgabe. Gehe in die Helikopterperspektive.
2. Stelle das, wie es bisher gehandhabt wird, in Frage. Nimm es nicht so hin und nutze Deine Unbefangenheit, um die Prozesse und somit der Ergebnisse zu verbessern. Genieße die Naivität des Neulings.
Kimbas Kollegen aus dem Rudel arbeiten oft nach dem Schema des Programms und erklären den Kunden nicht, welche Ersparnis oder welche Erleichterungen sie haben, wenn die Daten ausgefüllt sind. Es ist letztlich wie mit Kindern: wenn sie wissen, warum sie etwas lernen sollen und was es ihnen bringt, dann ergibt es einen Sinn und sie lernen die Inhalte wesentlich leichter und mit einer viel höheren Motivation.
3. Sei hungrig und im positiven Sinne gierig darauf, ein Ziel zu erreichen. Um dann stolz zu sein, wenn Du als erster das gespannte weiße Band mit Deinem Oberkörper nach einem anstrengenden Marathon durchläufst. Genieße den Ruhm, wenn Du auf dem Siegertreppchen ganz oben stehst und den Applaus in vollen Zügen genießt.

An diesem Punkt zeigt sich, dass, obwohl Kimba nicht IT studiert hat und auch bisher nicht mit einem Computer gearbeitet hatte, es immer darum geht, zu verstehen, warum wir etwas tun und warum es für uns selbst sinnvoll ist. Kimba hat geschafft, was für viele unmöglich ist, und genießt diesen Moment, er schlägt sich voller Stolz selber auf die Schulter. Das darf sein und sollte auch sein, wenn man wieder etwas fast Unerreichbares erreicht hat.

Löwenerkenntnis Wenn Du merkst, dass etwas ein Magengrummeln verursacht, dann brich die Jagd ab, egal, wie lecker die Beute vor Dir aussieht. Du weißt, dass diese Beute Dir schwer im Magen liegen wird und Dir unruhige Nächte beschert, warum also solltest Du das tun? Es gibt genügend Beute, die erlegt für ein entspanntes Auskommen sorgt. Darum erweitere Deine Kreise, auf der Suche nach neuen Herden. Automatisch findest Du neue Jagdgebiete, an die zuvor noch niemand gedacht hat.

2

Einfach mal loslegen. Aus Blessuren lernst Du am Besten!

Lono

© Springer Fachmedien Wiesbaden 2016
R. Wendt et al., *Die Löwen-Liga: Stolz schafft Erfolg*,
DOI 10.1007/978-3-658-09353-2_2

Das wird heute ein Kinderspiel. Lono ist top vorbereitet, denn heute geht es nur um Textverarbeitung. Und so ein paar Texte in einen Computer eingeben und pflegen, das ist wirklich leicht. Schon in der Schule hat sich Lono immer gelangweilt und er hat früh angefangen, im Unterricht Geschichten zu schreiben. Und schließlich hat er sich das Schreiben mit der linken Pranke beigebracht. Nur für den Fall, sollte er sich die Rechte Pranke bei einem Jagdausflug einmal verletzten. Und jetzt also Textverarbeitung, ein Kinderspiel, und dann auch noch bei einer Dachsfamilie, die sich mit Tunnel-, Klima- und Sanitärbau beschäftigen. Da wird Lono als stolzer Löwe den lichtscheuen Wesen mal zeigen, was der König der Evolution so auf dem Kasten hat. Er fühlt sich überlegen und ist sich sicher, dass er diesen Auftrag mit einem leichten Schulterzucken lösen wird.

Mit seiner hoch geföhnten Löwenmähne, die kaum unter das Autodach passt, braust er los zu seinem neuen Kunden. Da er neu ist, ist sein Kollege, der dem Kunden das Computersystem verkauft hat, mit dabei. Die Sonne lächelt durch die Windschutzscheibe, spiegelt sich in der Sonnenbrille, die lässig über Lonos Gesicht thront. Nach einer halben Stunde, vorbei an abgelegenen Höfen und durch kleine Ortschaften, die das immer wiederkehrende Bild „Bäcker – Fleischer – Bushaltestelle" darstellen, kommen beide entspannt an dem, wie Lono zugeben muss, wunderschönen Dachsbau an. Diese Familie hat es offensichtlich zu etwas gebracht. Denn statt unter der Erde erhebt sich der Showroom grazil und voller Lichterglanz aus dem Erdboden. Schnell ist der erstklassig ausgeschilderte Parkplatz angesteuert, auf dem selbst Elefanten ihre Cabrios stressfrei parken können.

Lono, sich seiner Sache zu 100 Prozent sicher, geht schwungvollen Schrittes auf den Haupteingang zu. Der Firmenchef empfängt ihn, etwas kühl, und das liegt sicherlich nicht unbedingt an der kaum hörbar, laufenden Klimaanlage. Die Mitarbeiter sitzen brav im Halbkreis, um einen einzelnen Monitor herum. „Wir haben Ihnen Ihren Arbeitsplatz schon einmal vorbereitet." – mit diesen Worten wird Lono zur Tatstatur geleitet und setzt sich auf den schon etwas älteren Bürostuhl. „Bitte geben Sie mir die CD mit den Textbausteinen, wie ich es mit Ihrem Kollegen besprochen hatte." Die Luft gefriert von einem Moment auf den nächsten um mindestens 50 Grad unter dem tiefsten arktischen Gefrierpunkt. „Textbausteine?", kommt es langsam aus Lonos Mund, als wenn die Zeitlupe in der Sprache Einzug gehalten hätte. Unter Lonos Mähne rotieren die Gedanken wie Lava in einem Vulkan. Er wusste nichts von Textbausteinen. Hilfe suchend schaut er zu seinem Kollegen, der den Kunden ja kennt. Aber außer einem verschlossenen Blick, der abweisender als jede Tresorwand ist, kommt kein Impuls zurück. Wie jetzt weiter? Lono, der ja nicht unbedingt auf den Kopf gefallen ist, rettet die Situation, in dem er sagt: „Lassen Sie uns bitte zuerst das System einrichten. Ich habe mir als ersten Schritt überlegt, dass wir uns zunächst ansehen, für welche Bereiche Sie die Textbausteine einsetzen möchten, bzw. wie wir diese mit Ihren Anwendungen verknüpfen." Schnell öffnet Lono das Textprogramm und zeigt den Mitarbeitern und dem Chef die einfachen Funktionen und wo welche Inhalte einzurichten sind.

Aus dem Blickwinkel merkt Lono, wie sich beim Chefdachs die Haare immer weiter aufstellen. Also macht er schneller und gleitet mit seinen Pranken durch die Funktionen der Textverarbeitung, als würde ein Schwarm Sardinen das Programm bedienen. Nach einer dreiviertel Stunde sagt der Chef: „Ich glaube, wir haben jetzt verstanden, wie das Programm funktioniert. Jetzt lassen Sie uns die Textbausteine einrichten, damit wir damit arbeiten können." – Die Stunde der Wahrheit schlägt so heftig gegen den Gong der Kirchenglocke, dass dieser noch auf dem nächsten Kontinent zu hören ist – „Alles klar. Lassen Sie uns bei den Angeboten beginnen."

Erst jetzt bemerkt Lono, dass alle anderen Dachsmitarbeiter die ganze Zeit über geschwiegen haben und ihre Schultern runter hängen. In seiner ganzen Überzeugung, der tollste Löwe in der Softwarebranche zu sein, hat er diese Haltung gar nicht wahrgenommen. Die Augen vom Chefdachs wachsen zu schmalen Schlitzen, wie Lono sie sonst nur bei kleinen Löwenjungen sieht, kurz bevor diese schlafen gehen sollen. Lono lässt sich nicht unterkriegen, er holt seine Aufzeichnungen raus und legt los. Er fragt den Chef sehr viel, sodass dieser ständig beschäftigt ist und gar nicht merkt, das Lono improvisiert. Dadurch, dass Lono seit seiner Schulzeit viele Texte verfasst hatte, geht es ihm leicht von der Hand. Die anderen Dachsmitarbeiter kommen dann auch nach und nach mehr ins Gespräch, sodass sich die Atmosphäre löst und die Temperaturen wieder deutlich ansteigen.

Nach dem Lono und sein Kollege auf dem Parkplatz angekommen sind, sagt Lono nichts. Das war schon knapp. Lonos Kollege ist jedoch sehr überrascht, mit welcher Professionalität Lono diese Situation gemeistert hat. Dennoch, Lono hat sich auf Grund seiner Überheblichkeit gegenüber der Dachsfamilie mal wieder nicht richtig vorbereitet und billigend in Kauf genommen, dass seine Kunden nicht die Leistung bekommen, die sie gebucht haben. Wenn er nicht so umsichtig reagiert hätte, dann wäre auch dieses Projekt für Lono zum Desaster geworden. Lono ist manchmal überheblich und riskiert dabei, den Ruf seines Arbeitgebers zu beschädigen.

Zwei Wochen später wird Lono mit einem neuen Projekt betraut, ein völlig neues Softwaretool, die Anlagenbuchhaltung. Zwei Tage sitzt Lono konzentriert vor dem Rechner und arbeitet sich Schritt für Schritt durch die einzelnen Programmteile. Daneben immer ein Block, auf dem er sowohl didaktisch wie auch fachlich festhält, wie er das Programm am besten in der Schulung beim Kunden einführen kann. Zwar hängt abends die Mähne immer in Strähnchen auf dem Boden, so geschafft ist er, aber alle seine Kollegen kommen zu ihm, wenn sie dazu etwas wissen wollen.

Lono bietet seinem Rudelchef an, die Einführung einmal präsentieren zu dürfen. Und kurze Zeit später kann er vor seinen Kollegen zeigen, in welchen Schritten eine Schulung abläuft und wie die Kundenpräsentation aussehen wird. Die Kollegen haben natürlich hier und da noch Vorschläge, sind aber ansonsten glücklich mit dem, was sich Lono in nur zwei Tagen angeeignet hat, und vor allem, wie er es geschafft hat, diese Kenntnisse auch in der Präsentation umzusetzen.

Kurze Zeit später bekommt Lono einen Termin nach dem anderen. Denn alle Kunden haben von dem neuen Programm gehört. Und da es die bestehenden Softwaretools im kaufmännischen Bereich ideal ergänzt, möchten sie natürlich prüfen, ob es Sinn macht, dass Tool bei sich einzusetzen. So kommt es, dass Lono auf seinem Territorium der König der Anlagenbuchhaltung wird. Auf der Messe, im persönlichen Gespräch oder in Schulungen, stets ist Lono der gefragte Spezialist. Und das alles, weil er einen kleinen Auftrag, der lediglich mit Textverarbeitung zu tun hatte, so unterschätzt hat. Leider ist Lono so schlecht strukturiert, dass er immer wieder in Projekten, die leicht erscheinen, komplett versagt. Zum einem ist es seine Überheblichkeit gegenüber den anderen Tieren, denen er unterstellt, dass sie nichts wissen und zum anderen denkt er, dass studierte Löwen generell etwas Besseres sind. So liegen bei Lono das Versagen und der positive Zuspruch wie zwei Seiten einer Messerklinge sehr dicht nebeneinander.

Ehrgeiz ist der Antrieb, wenn wir unseren Stolz und damit unser Ego wieder Nahrung geben möchten. Und das ist es, was uns aus der Masse derer hervorhebt, die sich nicht trauen und den Mut nicht haben, an Aufgaben heran zu treten, deren Auswirkungen sich nicht abschätzen lassen. Es ist kein Problem zu scheitern, im Gegenteil, um zu lernen, um richtig zu lernen und unsere Kräfte zu entfalten, müssen wir sogar scheitern. Vielleicht sollte es bereits an der Schule ein Fach „Scheitern" geben. Denn zu viele haben Angst davor.

Wie viel Lono steckt in Dir?
Welchen Ehrgeiz kannst Du in einem ganz speziellen Segment entwickeln, um Dich zu spezialisieren? Hast Du den Mut etwas weg zu lassen und einen Weg zu gehen, dessen Pfad Du nicht im Geringsten sehen kannst?

Kimba
Kimba hat einen Termin. In einer privaten Schule. Wie toll. Kimba hat die Schule immer gehasst, die Lehrer wollten,

dass er immer aufmerksam ist, brav seine Hausaufgaben macht. Und die Eltern, dass er Einser und Zweier nach Hause bringt. Das Fatale dabei ist, dass Kimba keine Lust hatte zu lernen, aber die Dinge ihm zugefallen sind. Wenn er sich denn mal 20 Minuten hingesetzt hatte, war der Lernstoff in seinem Kopf fest verankert. Und so war Kimba verwöhnt. Morgens lag er bis auf den letzten Drücker im Bett, er hat aber nicht geschlafen, sondern viele Bücher gelesen, denn er wollte immer wissen, wie die Geschichten weiter gehen. Dann ist er runter in die Küche, hat sich seine Schulmappe geschnappt und ist los zur Schule. Einige seiner Lehrer wussten das und waren auf Kimba sauer, denn sie erkannten, würde dieser stolze junge Löwe nur wenig mehr lernen, dann wäre er noch besser, ja, dann könnten sie mit ihm eventuell sogar Schulmeisterschaften gewinnen.

Das war nicht sein Ding. Und dennoch hatte Kimba Pädagogik studiert, allein, weil es ihm leicht fiel, zu lernen und vor allem, weil er Wissen vermitteln wollte. Nach dem Studium hatte er sich dann allerdings für eine andere Laufbahn entschieden, denn während seiner Praktika stellte er fest, dass der Rahmen Schule für ihn zu eng sein würde und er wollte hinaus in die Welt und mehr erleben. Und jetzt soll er in einer solchen Eliteschule das neue Softwaresystem einführen. Wenn da mal nicht der Löwe zur Gazelle gemacht wird. Eben noch schnell den Anzug übergestreift, die dunkelrote Krawatte um den Hals gewickelt und den Knoten gerade gezogen. Ein Blick auf die Schuhe und los geht's mit dem blauen Opel Vectra, dem man zum Glück den großen Motor unter seiner biederen Karosse nicht ansieht.

Der Weg ist schnell gemacht. Schön bedächtig mit 30 Kilometer durch die Wohngegend und da ist der Besucherparkplatz. Kimba richtet sich noch mal die Mähne im Kosmetikspiegel und fragt sich zum 100. Mal, warum die eigentlich so klein sind. Wahrscheinlich sind die Konstrukteure und Entwickler bei Opel alles Giraffen, da macht ein hochkant eingebauter Kosmetikspiegel schon Sinn, aber als Löwe? Die Tasche fest in die Pranken genommen, setzt Kimba nach 15 Jahren erstmals wieder seine Tatzen auf Schulboden. Es geht so, der Boden schwankt nur leicht. Der Termin soll im Sekretariat stattfinden, nun ja, das kennt er von früher. War er an seiner Schule doch der Sprecher für die jugendlichen Tierkinder und hatte die Macht, diese vor der gesamten Schulleitung zu vertreten. War das gerade ein Glänzen in seiner Mähne? „Poch, Poch", früher waren die Türen auch stabiler. Die Sekretärinnen bitten Kimba hinein. Ach, das ist ja ganz nett hier. Die beiden Damen lächeln Kimba an und weisen ihm einen Platz vor zwei aufgebauten Monitoren zu. Das lässt sich aushalten. „Was für ein Frühstücksbrötchen hätten Sie denn gerne? Um halb zehn ist Pause, und da bekommen wir die immer frisch aus der Kantine." Wow, ist ja ganz anders, als er sich das vorgestellt hat. „Wenn es geht, gerne Gazellenmett mit etwas Zwiebeln." „Wird bestellt. Wir mögen auch lieber frisches Fleisch aus der Savanne, der Fisch schmeckt immer so trocken." Und schon war die gesamte Atmosphäre aus der Anspannung in die Entspannung geglitten. Die beiden Frauen haben sich intensiv vorbereitet, auch das ist selten. Die meisten von Kimbas Kunden sind etwas auf Distanz, wenn es um neue Software geht, bedeutet das doch immer, sich stückweise von gewohnten Handlungsweisen zu trennen. Hier nicht. Es stellte sich heraus, dass beide schon sehr lange mit der Software aus Kimbas Mutterhaus arbeiten und damit sehr zufrieden sind. So werden z. B. sämtliche Schulakten verwaltet, die Budgets damit geschrieben, die öffentlichen Gelder verwaltet und die privaten Einnahmen der Eltern transparent dargestellt.

Kimba ist sichtlich beeindruckt. Hätte er doch hinter den silbernen, lockigen Althaarprachten nicht so ein modernes und vor allem unkonventionelles Denken vermutet. Mal wieder ein Beweis dafür, dass sich Bilder, die in der Vergangenheit für Frustration und Verdruss gesorgt haben, heute ganz anders darstellen können und uns oft positiv überraschen. In der Schulung geht es dann auch zügig voran. Denn die beiden Nilpferddamen wissen genau, was sie noch lernen wollten, wo sie sich eine Optimierung wünschen und wo Kimba sie so unterstützen kann, damit die verwalterischen Vorgänge noch leichter von der Hand gehen. Kimba ist mächtig stolz auf sich, dass er dieses Projekt so erfolgreich umgesetzt hat. Er fühlt sich wie damals, als er aus dem Nichts heraus Erster beim Einhundertmeterlauf im gesamten Jahrgang wurde und der Sportlehrer ihm die Goldmedaille um den Hals gehängt hat. Ein Moment voller Erhabenheit, so glücklich ist er bisher selten gewesen.

Wieder einmal machte es sich bezahlt, dass Kimba, der aus einfachen Verhältnissen kam, nicht von seinen Prinzipien abweicht.

1. Sorge für ein solides Fundament, denn nur so steht das Haus bei Wind und Wetter. Soll heißen: Erfasse die Grunddaten so gewissenhaft und bestmöglich, dass sich keine Fehler einschleichen. Arbeite gewissenhaft und konzentriert an der Basis, sodass diese keiner mehr einreißen kann.

2. Der Rohbau ist das A und O. Sorge für starke Wände, klare Zuordnungen und gute Sichtachsen, die bei Dir ein gutes Gefühl in der Bauchgegend erzeugen. Hier entstehen die Vernetzungen zwischen den Programmen, hier werden die Daten übergeben und wenn das alles sauber eingerichtet ist, dann hast Du auch verlässliche Daten, mit denen Du perfekt arbeiten kannst.

3. Mach es klar. Jetzt richtest Du Dir Dein Haus so ein, dass es perfekt zu Deinem Lebensstil passt. Kennst Du Deinen Stil? Wenn nicht, dann lass Dich beraten und Du wirst überrascht sein, welcher Typ Du bist und wie gut das zu Dir passt. Übertragen auf die Softwareanwendungen heißt das: Nimm Dir die Zeit, die Du benötigst, sodass alles auf Dich, Dein Tun, Deine zu erzielenden Ergebnisse zugeschnitten ist.

Kimba und die Nilpferddamen stehen bei Prinzip eins. Jetzt wird überprüft, ob wirklich alle Daten, aus dem alten System übernommen wurden, weiterhin so sinnvoll sind. Denn wie oft übernehmen wir Inhalte aus alten Beziehungen oder Vorgängen, ohne zu kontrollieren, ob sie uns bei der heutigen Aufgabenstellung weiter bringen. Manchmal macht es Sinn, alte Daten einfach ruhen zu lassen. Die Nilpferddamen sind angetan von der soliden Arbeit, die Kimba bei ihnen leistete. So vergehen die Stunden wie im Fluge und die ersten Ergebnisse zeichnen sich bereits ab. Kimba selbst ist überrascht, wie einfach es sein kann, einen alten Glaubenssatz, der sich fest bei ihm verankert hat, in so kurzer Zeit zu verändern. Denn diese Schule ist anders als die, die er erlebt hatte. Und das hat nichts mit dem Wissen zu tun. Das Wissen, das er erlernt hat, konnte er ja heute zeigen, und es hat ihn fit gemacht für seinen Job. Aber die Erinnerung an das Umfeld hatte ihn belastet. Eines steht für Kimba glasklar fest. Sollte er einmal ein paar Junge haben, so werden die garantiert auf eine solche Schule gehen.

Bei der Verabredung für den zweiten Teil der Schulung ist es denn auch wenig überraschend, dass die Nilpferddamen Kimba danach fragen, was er denn beim kommenden Termin zum Frühstück haben möchte. Und da das Gazellenmett hervorragend ist, lässt es sich Kimba nicht nehmen, es wieder zu ordern. Schon erstaunlich, wie einfach es sein kann, aus einem mulmigen Gefühl, dass es einem schwer macht, an eine Aufgabe heran zu gehen, ein positives Gefühl zu entwickeln. In dem Fall hat Kimba eines getan, er hat es einfach durchgestanden. Er hat seine schlechten Erfahrungen zurück gelassen und diesen Auftrag angenommen. Und er wird belohnt, damit, dass er einfach Erfolg hat. Und jetzt ist sogar etwas ganz seltsames entstanden, Kimba hat Lust bekommen, dass, sollte er einmal Kinder haben, diese auf so eine ähnliche Schule gehen sollen. Er selbst freut sich auf den nächsten Termin mit den beiden Nilpferddamen, denn er ist schon reichlich herum gekommen, aber eine solche herzliche Atmosphäre hat er noch nicht erlebt. So kommt ihm der Gedanke, dass er nur noch Lust hat, für solche Firmen zu arbeiten, die so ein gutes Klima haben.

Löwenerkenntnis Vertraue Dir selbst mehr. Denn die Lösungen stecken in Dir, in dem was Du bereits erlebt hast. Labe Dich an Deinen Erfolgen und überspringe die Hürden, die sich immer wieder in Deinen Lebensweg stellen.

3

Ungewöhnlich zu sein ist leicht, wenn die kreative Spielwiese groß genug ist

Lono

© Springer Fachmedien Wiesbaden 2016
R. Wendt et al., *Die Löwen-Liga: Stolz schafft Erfolg*,
DOI 10.1007/978-3-658-09353-2_3

Was für ein Hammer. Bis Ende des Monats soll Lono 10.000 Euro mehr Umsatz machen. Wie soll das funktionieren? Er hat zwar über 200 Kunden, aber das sind fast alles Handwerker und die scheuen das Geldausgeben wie Katzen das Wasser. Sein Chef Archi, ein Silberrücken-Gorilla, versteht da so gar keinen Spaß. Neulich ist Lonos Kollege Schnauzi mit einer völlig zerknitterten Nase aus dem Monatsgespräch gekommen, weil er vergessen hatte, eine wichtige Datensicherung beim Logistiker Dachs von Snooten zurück zu spielen. Im Vergleich zu Lonos Aufgabe ein Kinderspiel. Da steht Lono vor seiner Glaswand im Büro und zermartert sich sein Hirn, was er tun könnte. 10.000 Euro mehr, jeden Monat. Puh, so viele neue Computeranlagen verkaufen wir gar nicht, dass er zusätzlich seine Softwareeinweisungen verkaufen kann.

Was könnte er noch tun?
Neue Kunden zum Beispiel ab sofort selbst zu akquirieren. Das ginge, wenn ihm sein Chef das machen ließe und nicht ständig dazwischen grätschen würde. Das wäre ja schon mal eine Idee. Denn Lono ist sich sicher, dass er es auch locker hinbekommt, komplexe Computersysteme an neue Kunden zu verkaufen. Schließlich ist er ein Löwe.

Und sonst?
Er könnte … aber da kommt so gar nichts mehr. Lonos Blick geht ins Leere. Er merkt, wie in seinem Kopf die Strohbüschel von rechts nach links wehen. Nichts, aber auch so gar nichts. Und unter Druck ist das alles sehr viel schwieriger. Das war bei ihm eigentlich schon immer so. Wenn in der Schule von ihm erwartet wurde, mehr zu leisten, stand

er wie vor einem großen Berg. Lono war bei solchen Aufgaben schon immer überfordert gewesen. Er bildet sich ein, dass er einfach zu klein und zu nichtig sei, um mit brillanten Ideen zu glänzen. Wenn er doch nur einen guten Einfall hätte. Einen, der seinen Chef auf den ersten Blick vollkommen überraschen würde. Das wäre eine tolle Geschichte.

Langsamen Schrittes geht Lono zurück an seinen Schreibtisch. Vielleicht fällt ihm ja etwas ein, wenn er einfach mal so durch das Internet surft. Jedes Mal, wenn er von einer tollen Geschäftsidee liest, denkt er sich: „Das klingt ja ganz einfach, warum bin ich da nicht drauf gekommen.“

Völlig geknickt geht Lono abends nach Hause in seine Höhle und bespricht die Aufgabe mit seiner Frau. „Tja, ich sage Dir ja immer wieder, nimm die Bretter vor Deinen Augen ab.“ – Was soll das denn heißen? Denkt er sich. „Ich weiß, Du denkst sicherlich, wie Du das machen sollst. Das ist gar nicht so schwer. Schiebe doch bitte einmal die 10.000 Euro, also die Bretter, zur Seite. Und jetzt denke einfach daran, wie wäre es, wenn Du aus Deinen jetzigen Kunden und mit dem, was Du weißt, ein neues Geschäft generieren müsstest. Du kannst einfach mal träumen. Was wäre denn für Dich ideal? Spinn einfach einmal und das ohne Begrenzungen.“ Lono sitzt auf dem Sofa, schaut sinnleer auf sein Löwenbräu. Was wäre ideal? Nun ja, Geld dafür zu bekommen, dass ihm nichts einfällt. Darin ist er richtig, richtig gut. Und die Kunden. Die werden auch immer knauseriger. Ob er sich jetzt etwas ausdenkt oder nicht, das klappt sowieso nicht.

Kurz vor Feierabend hatte er sich noch mit seinen anderen Kollegen darüber unterhalten und die meinten auch, dass sie schon alles versucht hätten. Die Kunden haben keine Zeit, wollen nicht noch mehr Geld ausgeben, sind träge und nicht offen für neue Ideen, schon lange nicht mehr. Also lehnt sich Lono zurück und wird es wie immer machen: „Chef, das ist kein Problem. Wenn ich mehr Kunden bekomme, dann klappt das auch mit dem Umsatz. Könnten Sie bitte dem Verkauf sagen, dass die einfach mehr Gas geben sollen?" Und zack, ist Lono das leidige Thema vom Haken, sollen sich doch die anderen daran die Nase stoßen und vergeblich auf Kundenjagd gehen.

Wer bei Dir im Team bremst die Kreativität aus?
Es gibt immer Menschen, die Ausreden haben, etwas nicht zu verändern. Dann ist es gut, denen zu zeigen und auch direkt zu sagen, dass es nichts weiter als bequeme Ausreden sind. Nicht mehr und auch nicht weniger.

Kimba
„Kimba, wir haben da ein Umsatzproblem. Du musst jeden Monat 20.000 Euro mehr Umsatz einspielen, damit wir Dich im Team behalten können." Nicht, dass es Kimba überrascht hätte, er hat schon registriert, wie sich die Strukturen in den letzten Wochen, nach dem Verkauf an den neuen Eigentümer, verändert haben. 20.000 Euro mehr, das sind ungefähr zwei Kunden, die er zusätzlich im Monat benötigt. Darüber muss er nachdenken, aber nicht jetzt, sondern nach Feierabend. Heute macht er erst einmal die Dinge zu Ende, die er sich vorgenommen hat.

Am Abend, zu Hause, steigt er in seine neuen Panther Turnschuhe, die als erster beim letzten Marathon zusätzlich zur Urkunde gewonnen hat, zieht sich die Kapuze fest ins Gesicht, damit ihm der Wind keine Erkältung zuspielt, während er seinen Dauerlauf durch die Steppe beginnt. Vor allem, weil es heute eine etwas längere Strecke werden wird, denn er muss nachdenken. Und desto länger der Lauf, umso kreativer werden die Ergebnisse. Noch schnell den Kalorienzähler für sportliche Löwen ans hintere Bein befestigt, und dann kann es auch schon losgehen.

Wie immer, auf den ersten fünf Kilometern ist Kimba damit beschäftigt, die Gedanken des Tages beim Laufen in den Erdboden abzugeben. Was war da wieder los? Mit jedem Kilometer hat er das Gefühl, dass der Druck auf seinen Schulterblättern deutlich nach lässt, dass es leichter wird und er Sandsack für Sandsack auf seinen Laufweg verteilt. Das hat er seinen Kollegen auch schon gesagt, dass die sich etwas suchen sollen, wobei sie einen Ausgleich zum Job bekommen. Gleich nach Feierabend das leckere Löwenbräu wegzischen und morgens gerädert zur Arbeit zu kommen, ist keine Lösung. Kimba trinkt auch gerne Löwenbräu, allerdings die alkoholfreie Variante, besonders nach langen Läufen.

Bei Kilometer zehn zeichnet sich so langsam eine Grundidee ab. Ja, das könnte sehr gut funktionieren. Auf den kommenden zehn Kilometern überlegt er das Für und Wider und ehe er sich versieht, steht er vor seiner stolzen Höhle, mit dem goldenen Klingelknopf. Und die neuen Laufschuhe, so federleicht, da muss er sich noch einmal via Löwenbook beim Hersteller mit einer positiven Bewertung bedanken.

Am kommenden Tag schwingen die Türen in Kimbas Firma besonders schwungvoll auf, was auch daran liegen könnte, dass das Schnecken-Wartungsteam diesmal besonders schleimigen Schmierstoff bei der Wartung der Eingangstüren verwendet hat. Der Chef ist natürlich noch nicht da, geht ja auch nicht, denn der Chef ist ja derjenige, der zuletzt kommt und am frühen Nachmittag noch einmal zum Kundentermin geht. Ist ja klar. Gegen zehn Uhr lässt sich Archi, der Silberrücken, ganz behände auf seinen modernen Bürostuhl nieder und wischt noch einmal demonstrativ über die Glasplatte, auf der weder ein Staubkorn, noch ein Blatt Papier liegen. „Chef, ich habe da eine Idee." So einfach platzt Kimba ins Büro. „Wir bewerben ja immer die neuen Softwareupdates. Dann versuchen wir über teure und wirkungslose Mailings, diese zusätzlich an unsere Kunden zu verkaufen. Und das klappt ja nun nicht wirklich so, wie es soll. Darum meine Idee: Einmal im Monat machen wir einen „Update-Nachmittag." Dort stelle ich die besten Funktionen der verbesserten Tools vor. Diese zwei Stunden Präsentation kosten unseren Kunden einen kleinen Obolus, sodass wir damit zusätzlich Geld verdienen. Außerdem werden unsere Kunden gleichzeitig neugierig auf die Verbesserungen in unserem Softwareprogramm und können für kleines Geld an einer zwar nicht vollständigen, aber immerhin, fachlichen Schulung teilnehmen. Wenn wir jeweils zwanzig Kunden in jedem Termin sitzen haben, dann werden wahrscheinlich fünf bis sieben das Update kaufen und dazu die Intensivschulung buchen. Kommenden Monat könnte ich damit starten. Was meinen Sie?"

Damit hatte Kimba gerechnet. Wenn es Archi fast kein Geld kostet und gleich kostendeckend ist, dann nickt er fast alles ab. Denn er will einfach nur seine Ruhe haben. Wie die meisten Chefs.

Ein wenig aufgeregt tigert Kimba vor dem ersten „Update-Nachmittag" vorm Trainingsraum. Doch dann kommen so nach und nach alle zwölf Kunden, die sich zu heute angemeldet haben. Kimba war positiv überrascht, dass es, obwohl so kurzfristig, gleich zwölf Buchungen geworden sind. Mit einem leicht zittrigen Beben in seiner Stimme beginnt er, die ersten Höhepunkte des Updates zu präsentieren. Es kommen einige Fragen und er merkt, dass er es geschafft hat, das Interesse zu wecken, und wird merklich lockerer. In der Schlussrunde fragt Kimba nach, wer sich vorstellen kann, das neue Softwareprogramm einzusetzen und bekommt 8 Mal eine Kaufzusage. Er hatte sicherlich mit vielem gerechnet, damit allerdings nicht. Was für eine Quote.

Wow. So einfach kann das also sein. Voller Stolz schwingt er seine Faust, wie damals Boris Becker nach seinem ersten Wimbledon Sieg als Siebzehnjähriger. Sein Fazit. Wenn Du eine neue Aufgabe hast, Deinen Umsatz zu steigern, dann erfindest Du einfach ein Produkt oder eine neue Dienstleistung. Wichtig dabei sind drei Parameter:

1. Nutze die vorhandenen Ressourcen. Ob Kundenpotenzial oder Produkte und Dienstleistungen, die Du bereits im Einsatz hast.
2. Kreiere und erschaffe ein Produkt oder eine Dienstleistung, das die Kunden, mit denen Du bereits arbeitest, in ihrem Geschäftsalltag einen signifikanten Nutzen bringt. Es muss sie entlasten, denn Alltag leichter machen, Kosten senken, eben einen Vorteil gegenüber dem Markt verschaffen und zukunftsfähig sein.

3. Dein Produkt oder die Dienstleistung muss nicht schick und teuer umgesetzt sein, sondern emotional ins Herz treffen oder einen Schmerz, den Deine Kunden haben, lösen. Stell Dir einfach vor: Du gehst auch nur zum Arzt, wenn es weh tut. Jetzt setze Dich hin und schreib zehn bis zwanzig Punkte auf, die bei Deinen Kunden derzeit Schmerzen verursachen. Dann überlege Dir, wie Du die beseitigen kannst und schon hast Du ein Format, für das Dich Deine Kunden lieben werden.

Dass, was Kimba da umgesetzt hat, ist weder teuer noch aufwändig. Es bedient offene Fragen bei seinen Kunden, auf die diese keine Antworten haben. Denn Kimba hat sich bei seinem Lauf einfach in die Lage seiner Kunden versetzt und überlegt, welchen Vorteil diese durch Kimba haben könnten. Und so sind die Schulungen für die neuen Produkte entstanden.

Die eigene Brille einfach mal absetzen. An welcher Stelle auch immer, den Blick des Kunden einnehmen und aus der Metaebene auf die Gesamtsituation sehen. Was können wir dem Kunden bieten, damit dieser sich noch besser bei uns aufgehoben fühlt, uns als unverzichtbar wahrnimmt, als Mehrwert für sein Geschäft? Die neuen Produkte und Dienstleistungen kauft der Kunde dann sowieso.

Die Löwenerkenntnis Es gibt keine Grenzen, es gibt nur Mut, Kreativität und Weitblick. Verlasse die ausgetretenen Pfade und zwar am besten in Deiner Lieblingsbeschäftigung, solange diese Adrenalin ausschüttet und dann bekommst Du eine Lösung, die Dich überraschen wird. Ganz wichtig dabei: Suche Dir einen Kunden, den Du besonders gut kennst. Setze imaginär auf seinen Bürostuhl. Stelle Dir die Situation so echt wie möglich vor, tauche wirklich ein. Und dann überlege Dir, welches Angebot ihm unterbreitet werden muss, damit dieser Kunde sagt: „Ja, das ist reizvoll für mich, das würde ich wirklich gerne einmal ausprobieren." Wenn Du denn dieses Produkt oder die Dienstleistung kreiert hast, dann lade drei Deiner besten Kunden voneinander getrennt zum Mittagessen ein und teste Deine neu Idee. So kannst Du Dir relativ sicher sein, dass Deine Neuschöpfung am Markt auf eine positive Resonanz stößt und Du damit Erfolg haben wirst.

4

Lerne von den Besten

Lono

Was für eine Badausstellung. Ein Bidet mit Kuschelbürste und ein Hängeschrank mit indirektem Licht, nur fürs Raubtierzähneputzen. In der Nilpferdlounge ist eben alles perfekt auf das äußere Wohlbefinden für den Körper abgestimmt. Lono ist beeindruckt. Der Laden macht einen erstklassigen Eindruck, kein Wunder, dass die natürlich nur mit den Besten arbeiten wollen. Lono hat sich selbstverständlich intensiv vorbereitet. Er weiß, dass die Nilpferde hier in der Region mit ihren 68 Servicemobilen die größten Handwerker im Bereich Heizung Sanitär sind und dementsprechend ein Sprachrohr für oder gegen die Software aus seinem Hause darstellen. In der Branche kennt sich Lono aus, hat er doch in den letzten zwölf Monaten bestimmt in 25 ähnlichen Häusern genau das System einführen dürfen, dass er heute hier auch einführen wird.

Hinter der Badausstellung kommen die Büroräume. Das erste, was ihm auffällt, ist die Ruhe, die sich hinter dem dezenten Telefongeklingel abspielt. Die Servicemitarbeiter sitzen gebeugt an ihren steingrauen Schreibtischen und nuscheln in die Sprachmuscheln, aber sonst finden keine Gespräche statt. Die gesamte Stimmung wirkt sehr gedrückt und irgendwie ist es auch ziemlich dunkel hier. Ganz im Gegensatz zu der tollen Ausstellung. Was für ein Unterschied.

Da kommt ihm auch schon der Geschäftsführer der Nilpferds entgegen. Die ausgestreckte Hand zum Willkommensgruß lässt Lono dann unauffällig wieder nach unten sinken. Denn außer einem Raunen bekommt er keinen Gruß zurück. „Kommen Sie bitte mit." Mit diesen knappen Worten, die der kompletten Büroeinrichtung entsprechen, gehen beide an einen kleinen Schreibtisch. Auf dem steht ein monochromfarbener Bildschirm. Davor sitzen fünf, Nilpferde mit hängenden Schultern, die sich nicht unterhalten. Kaffee und Wasser gibt es nicht, Kekse oder andere Leckereien sind weit und breit nicht zu sehen.

Lono, jetzt etwas unsicher, setzt sich an die Tastatur. „Sie haben sicherlich viele Fragen, dann wollen wir die mal beantworten." In der Stille hört er den Teppich wachsen. „Gut, wenn nicht, dann gehe ich die wichtigsten Punkte des Programms einfach durch. Und wenn Sie Fragen haben, dann bitte einfach zwischendrin fragen." Nach vier Stunden Monolog merkt Lono, wie seine Stimme immer knarziger wird. Er erklärt genau, welche Daten wo eingetragen werden müssen, weiß aber gar nicht, ob die grauen Gesichter etwas davon aufnehmen. „Stellen Sie ruhig Ihre Fragen, ich habe sehr viel Erfahrung mit dem Programm, vor allem weiß ich, wie es viele Kollegen von Ihnen anwenden." Immer mal wieder versucht Lono seine Zuhörer zu ermutigen, aber es kommt einfach nichts.

In der Mittagspause nutzt er die 30 Minuten an der frischen Luft, um mal eben schnell zum Imbiss um die Ecke zu gehen und sich leckeres gegrilltes Gazellenhack im Fladenbrot zu gönnen. Die warme Sonne tut gut. Und Lono genießt es, wie sein Fell eine wohlige Wärme packt. Die Kälte in dem Büro der Nilpferds ist dafür umso spürbarer. Lono gibt sich einen Schubs mit dem Schwanz und geht wieder hinein, in die Kältekammer. Bis zum Abend hat er sein Programm, quasi ohne eine einzige Frage, seitens seiner Kunden abgespult. Dabei hatte er sich auf den Einsatz gefreut, denn gerne hätte er etwas Neues hinzugelernt, so wie es bei jedem seiner Einsätze war. Auch konnte er mittlerweile viel von seinem Wissen preisgeben, denn er hatte so viel davon. In dieser graugesichtigen Situation bleibt das Wissen komplett auf der Strecke. Keiner lernt etwas von dem Anderen. Wie schade und welch eine Verschwendung von Energie.

Die Nilpferde hätten so viel lernen können, aber die gesamte Stimmung war darauf nicht ausgerichtet. Lono hat das Gefühl, dass die Inhaber mit sehr viel Druck führen und keine anderen Meinungen zu lassen. Solche Firmen hat er schon öfter erlebt. Und viele dieser Firmen haben es auf Dauer am Markt nicht überlebt, selbst, wenn diese mal groß waren. Es ist einfach schwer, gute Mitarbeiter in so eine Arbeitsumgebung zu bekommen, und diese dann dafür zu begeistern, sich voll und ganz für die Firma einzusetzen.

Eines weiß Lono für die Zukunft. Wenn ihn solche Firmen buchen, wird er ein Lunchpaket mitnehmen. Übrigens, nach dem ersten Kaffee haben die Nilpferde kurz vor dem Ende der Einweisung gefragt.

Lono geht schnurstracks nach Hause, unter die Dusche, um sich die imaginäre graue, negative Haltung ab zu duschen. Beim nächsten Mal wird er den Mut haben, mehr einzufordern.

Welche Spielregeln hast Du für Dich aufgestellt, wenn Du mit Kunden zusammen arbeitest?
Nimm Dir ein paar Minuten Zeit und schreibe auf, was Dir besonders wichtig ist, wie die Rahmenbedingungen sein müssen, damit Du Freude und Spaß an Deiner Arbeit hast. Denn nur, wenn Deine Augen leuchten, dann schaffst Du es auch, dass Feuer in den Augen Deiner Kunden zum Brennen zu bringen.

Kimba

Mitten im Wohngebiet. Weit und breit kein Firmengebäude. Was soll ich denn hier?, denkt sich Kimba und ist sichtlich irritiert. Sicherlich sieht er gleich, wie sich Hase und Igel begrüßen, und dann jeder in sein Bett schleicht.

Kimba steht mit seinem schicken blauen Firmenwagen mit der hohen Motorisierung, vor einem unscheinbaren Wohnhaus. Die roten Ziegel liegen matt in der gleißenden Sonne, und das Einzige, was darauf hindeutet, dass hier eines der größten Bauunternehmen für private Höhlenbauten in der Region seinen Sitz hat, ist ein kleines Schild mit dem Firmennamen und dem üblichen Finanzamts-Pfeil, der zeigt, dass sich der Eingang um die Ecke, also von hinten befindet.

Kimba zieht sich noch schnell den bordeauxroten Schlips zurecht, sodass ihn dieser zwar noch atmen lässt, aber die Luft in seiner Kehle schon dünner wird. Behände steigt er aus seinem Wagen, schnappt sich die Mappe mit den Unterlagen und marschiert Richtung Eingang. Auf den grauen Betonplatten, die ihm den Weg um die Ecke weisen, steht er direkt vor dem Eingang. Auf der Klingel steht dann auch „Baugeschäft Riesenameisen". „Bling Bong" – oh wow, hätte er gewusst, dass die Klingel direkt mit dem Kirchenglockenturm verbunden ist, dann hätte er zart geklopft. Jetzt weiß jeder im Ort, dass er da ist. Der Empfang ist herzlich. Die Riesenameisen sind wirklich riesig und haben neben den neuen Computern schon Kaffee und leckere Wüstensandkekse aufgebaut.

Schnell sind die wichtigsten Stammdaten in das wunderschöne neue System eingetragen. Dann geht es an den Baulohn, das Schlechtwettergeld und den Rekordlohn. Kimba merkt wie ihn fachlich so langsam das Wissen ausgeht. Obwohl es hier unten im ausgebauten Keller mindestens 25 Grad waren und sein Schlips schon seit zwei Stunden den ausgewaschenen Kaffeefleck an der Heizung trocknete, wird ihm eiskalt und er hat zum ersten Mal das Gefühl, auf einer ganz dünnen Eisschicht zu stehen, die schon Risse bekommt.

Die ältere Riesenameisendame merkt die Schweißperlen, die sich durch sein Fell den Weg nach außen bahnen. „Junger Mann, darf ich Ihnen einmal zeigen, wie wir bisher das Schlechtwettergeld berechnet haben?" „Sehr gerne." Jeder im Raum kann spüren, wie die Luft wieder mehr Sauerstoffgehalt bekommt. In 20 Minuten zeigt die Riesenameisendame dann Kimba, auf einem simplen DIN A4 Blatt, die wesentliche Formel, wie sie bisher das Schlechtwettergeld berechnet haben. Und er ist überrascht. Drei seiner Kollegen aus der Lohnabteilung haben es versucht, es ihm beizubringen, und jetzt weiß er auch, warum das nicht geklappt hat. Sie haben überhaupt, also so gar keine Ahnung. Und die Dame erleuchtet sein Hirn in nur 20 Minuten. Ruckzuck sind auch die bauspezifischen Löhne im Programm verfügbar. Kimbas Augen leuchten voller Stolz. Er hätte nie gedacht, dass es möglich sein könne, ein so komplexes Thema in nur 20 Minuten voll und ganz zu verinnerlichen. Dann ist es ebenso kein Problem, die vielen anderen spezifischen Lohnthemen, die die Baubranche eben so mit sich bringt, zu lernen. Es kann so wundervoll sein, sich Wissen anzueignen.

Für Kimba sind drei Dinge mit einem Mal völlig klar:

1. Überwinde deine persönliche Eitelkeit, alles wissen zu müssen, das ist Blödsinn. Wenn Du den Spezialisten neben Dir sitzen hast, dann frage diesen.
2. Habe den Mut, zu sagen, wenn Du einmal etwas nicht weißt. Entweder, Du nimmst Die Frage mit, oder Du lässt es zu, dass Dir jemand hilft. Lasse nicht zu, dass Halbwissen verbreitet wird.
3. Lasse zu, dass andere Dir helfen, das macht Dich stark, nicht schwach. Die Kompetenz anderer Personen strahlt auf Dich ab.

Die Riesenameisendame ist sehr stolz darauf, dass sie Kimba ihr jahrzehntelanges Wissen so auf den Punkt vermitteln kann. Und Kimba, er weiß jetzt etwas, was keiner seiner Kollegen weiß. Was für ein Wissensvorsprung, den er jetzt weitergeben kann. Und noch mehr: Kimba fühlt sich in der Lage, zu diesem speziellen Thema sogar Seminare anbieten zu können. Denn er hatte schon bei einigen seiner Kunden festgestellt, dass diese auch nicht wirklich sattelfest bei den Baulöhnen sind. Kimba fühlt sich wie ein König. Er hat das Glück, dass die Riesenameise so umsichtig und erfahren ist. Künftig weiß er, dass er fragen wird, wenn er in einem Thema sich nicht absolut sicher ist. Denn er muss nicht alles wissen, für jede Frage gibt es Spezialisten. Fragen stellen ist und macht stark. Ohne Wissen zu antworten, ist leichtsinnig.

Wie viel Mut hast Du zu fragen, wenn Du etwas nicht weißt?

Lege Deine Eitelkeit ab, denn die ist nur hinderlich, wenn Du Dich in einer Welt, die immer vielschichtiger wird, weiterentwickeln willst. Und ohne Weiterentwicklung wirst Du auf Dauer nicht wirklich erfolgreich sein.

Löwenweisheit Wenn Du etwas nicht weißt, aber Menschen kennst, manchmal sogar Deine Kunden, die Du berätst, auch bei hohen Stundensätzen, frage sie nach ihren Erfahrungen und lerne voller Neugier, sauge an ihrem Wissen, denn damit bedienst Du ihren Stolz und sie werden es Dir sehr gerne vermitteln. Das ist ein Weg zur unbeschränkten Ressource Wissen, die Dich auf Dauer strahlen lässt. Hisse die Fahne des Wissens über Deinem Horizont.

5

Sei emotional. Das macht Dich, zu dem was Du bist!

Lono

© Springer Fachmedien Wiesbaden 2016
R. Wendt et al., *Die Löwen-Liga: Stolz schafft Erfolg,*
DOI 10.1007/978-3-658-09353-2_5

Es ist bitterkalt. Die dunkle Nacht verschlingt jeden Scheinwerferstrahl nach einigen Metern. Mit dem heutigen Tag ist Lono 5 Mal mitten in der Nacht aufgestanden und hat sich in sein Auto geschält, um die 120 Kilometer zu einem exklusiven Netzwerk-Herdentreffen zu fahren. Er hat die Aufgabe, die Herde so zu betreuen, dass alle Herdentiere, die auch Alphatiere sind, miteinander effektiv Geschäfte machen. In der Herde herrscht seit einigen Wochen etwas Unruhe, denn sie sind zahlende Mitglieder in einem Netzwerk-System. Und sie sind mehr als enttäuscht, dass ihre Fragen, Wünsche und Anregungen vom Systeminhaber nicht ernst genommen werden. Nun soll Lono die Herde wieder auf Kurs bringen und die Spannungen beseitigen. Das ist nicht immer so ganz leicht, zwar vertrauen ihm die Herdenmitglieder, jedoch sind sie sehr skeptisch, ob der Revierbulle, dem das System in der Region gehört, die Anforderungen, die sie haben erfüllen wird oder erfüllen möchte.

Für dieses Treffen hat sich Lono etwas Besonderes einfallen lassen. Er hat ein Netzwerk-Training vorbereitet, das jeden aus der Herde als Unternehmer einen großen Schritt weiter bringen wird. Denn die Herde hat vor, in zwei Wochen zu einem großen Netzwerk-Herdentreffen mit ganz vielen anderen Unternehmerherden zusammen zu kommen. Sie haben Lono gebeten, sie zu unterstützen. Er ist ganz in seinem Element und zeigt ihnen, wie sie schnell unbekannte Unternehmer so ansprechen, dass diese ihnen gerne antworten und man gemeinsam ins Geschäft kommen wird. Lono zeigt ihnen, was wichtig ist, wie sie den Gesprächspartner befragen und den Abend für sich angenehm und gewinnbringend gestalten können.

Dass Lono einen großen Konflikt mit dem Verhalten des Revierbullen hat, dem das System gehört, merkt keiner von ihnen. Die Herdenmitglieder kleben an seinen Lippen und lauschen, was der erfahrene Netzwerker, der in Lono steckt, alles mitzuteilen hat. So zieht Lono alle Register, zeigt wie emotional sich ein Gespräch an so einem Netzwerkabend führen lässt. Wie man die Augen beim Gesprächspartner zum Leuchten zu bringen und wie man voller Stolz und mit geschwellter Brust, in kurzen knappen Sätzen, von seinem Geschäft erzählen kann. Die Herdenmitglieder sind begeistert, denn bisher kennen sie es leider nur zu oft, dass auf solchen Veranstaltungen zum Beispiel Versicherungsfüchse wie Kletten an einem hängen, und mit ihrem listigen Blick und der kühlen Schnauze versuchen, einen hypnotisch in den Bann zu ziehen, um auf der Schleimspur, die sie ziehen, dem Gesprächspartner etwas anzudrehen, was dieser gar nicht benötigt.

In zwei Stunden hat es Lono geschafft, der Herde zu zeigen, worauf es an so einem Abend ankommt und wie sie ganz leicht, mit wenigen Worten, den anderen Geschäftspartner vor Begeisterung zum Brennen bringen, so begeistern, dass dieser unbedingt mehr von ihnen wissen möchte. Zufrieden, aber auch sehr müde, steigt Lono wieder in sein Auto ein. Es ist kurz nach neun Uhr morgens. Jetzt beginnt der eigentliche Arbeitstag für Lono.

Auf der Rückfahrt telefoniert Lono mit dem Revierbullen, um von den Ergebnissen zu berichten und das weitere Vorgehen abzustimmen, denn er ist guter Dinge, dass die Herde wieder auf dem richtigen Weg ist. Mit so viel Energie lässt sich die Sonne genießen und der Tag ist trotz der Müdigkeit bisher erfolgreich gelaufen.

Zwei Wochen später, so war es vereinbart, stellt sich der Revierbulle den Fragen der Herde. Am selben Abend findet das Netzwerktreffen der Herde in der Region statt. Lono selbst ist an dem Tag viel unterwegs und bekommt um viertel vor neun den Anruf, dass der Revierbulle nicht wie vereinbart zum Termin erschienen ist. Ruckzuck ruft er den Revierbullen an, um zu erfahren, dass dieser, ohne dass es abgesprochen war, bei einer anderen Herde unterwegs war. Lono ist außer sich vor Wut und Enttäuschung. Er fängt an loszupoltern, ist kaum zu halten und alle Vorwürfe, die sich in den vergangenen Monaten aufgestaut haben und die er zurück gehalten hat, schießen nur so aus ihm heraus. Der Blutdruck ist so hoch, dass Lono das Schiebedach seines Jeeps öffnen muss, sonst bekommt das Dach eine emotionale Delle.

Zurück im Büro lässt Lono seinen Dampfkessel, der keinesfalls abgekühlt ist, weiter freien Lauf, und er sendet eine Mail mit manifestierten Gewehrsalven ab.

Natürlich geht das nicht gut. Lono und der Revierbulle geraten heftig aneinander. Bei allem Abstand, der räumlich zwischen ihnen herrscht, wird spürbar, wie eisig das Verhältnis der beiden zueinander ist. Als Lono sich bewusst wird, wie er durch die schriftliche Fixierung seiner Gefühle, die Gräben noch tiefer gezogen hat, wird ihm bewusst, dass auf der einen Seite Gefühle gut sind, um das Leuchten in den Augen von Anderen zu erzeugen. Dass aber ein unkontrollierter Vulkanausbruch, der auch noch mittels einer Mail manifestiert wird, jedoch genau das Gegenteil erreicht.

Lono ist klar, damit stellt er sich selbst in gar keinem guten Licht dar. Darum hat er nach diesem Vorfall für sich die Wutbriefe entdeckt. Diese schreibt er immer dann, wenn die Emotionen wieder so hoch kochen und er sich sicher ist, dass das nicht gut gehen wird. Die Wutbriefe werden geschrieben, aber nicht abgeschickt. Und dazu hat er sich eine Feuerstelle gebaut, in der die Wutbriefe feierlich zu Asche verbrennen.

Wie gehst Du mit Deiner Wut auf bestimmte Umstände um?
Was ist Dein Ventil um die Energie bei Dir aus dem Körper zu lassen? Falls noch nicht geschehen, so versuche dafür eine Vorgehensweise zu finden, die Dich wieder ins Gleichgewicht bringt.

Kimba
Kimba tritt von einem auf den anderen Fuß. Heute ist mal wieder ein Pinguintag. So nennen er und seine Kollegen die Tage auf der weltgrößten Messe für Software- und Hardwareprodukte in Hannover. Sie sind alle ordentlich gekleidet, in ihren Anzügen aus reiner Schurwolle, zieren sich mit wunderschönen Schlipsen aus Aalhaut und lächeln freundlich den potenziellen Kunden auf den Gängen entgegen. Jeden Morgen gibt es eine Art Appell, wo die Tatzen vorgezeigt werden müssen und das Lächeln mittels eines Taschenspiegels geübt wird. Kimba muss immer darauf achten, dass seine Reißzähne an den Seiten nicht zu stark mitlächeln, sonst kann der ein oder andere potenzielle Kunde eher verschreckt als angelockt werden.

An Kimbas Messestand ist immer viel los. Sie haben als Hardwarelieferanten den italienischen Hersteller Pfau im Rücken, da wird Service groß geschrieben. Die plustern sich zur Messe immer extrem auf. Es gibt leckere vegetarische

Steaks und die besten und frisch gepresstesten Säfte auf der ganzen Messe. Da ist es kein Wunder, dass Kimba den ganzen Tag voll zu tun hat, denn viele seiner Kunden kommen aus der unmittelbaren Umgebung und wissen, wie fürstlich die Bedienung am Stand ist. Das wiederum ist gut für Kimbas Konto. Denn die Verkaufsabschlüsse auf der Messe werden gesondert mit Provisionen versehen. Da fällt es leicht an den zehn Messetagen, vierzehn bis sechzehn Stunden zu arbeiten.

Dieser heutige Tag ist ein ganz besonderer Tag. Kimba hat eine Verabredung mit zwei ganz besonderen Kundinnen. Sie werden es schon ahnen: Die beiden Riesenameisen von seinem Lieblingsbaugeschäft haben heute einen Präsentationstermin mit ihm. Er möchte ihnen zeigen, wie sie künftig die Lohnabrechnungen in der Hälfte der Zeit realisieren können. Kimba freut sich schon wie ein Schneelöwe. Und dann kommen die beiden auch schon um die Ecke gebogen. Eigentlich müsste Kimba reserviert und professionell nachdenklich aussehen, damit er als Verkäufer ernst genommen wird. Aber das geht bei diesen Kundinnen nicht. Die beiden breiten ihre Arme aus und fallen Kimba freudestrahlend um den Hals. Herzlich umarmen sich alle drei. Zum Erstaunen von Kimbas Kollegen. Es ist ungewöhnlich, so viel Dank und Wertschätzung von anderen, vor allem von Kunden zu bekommen. Das macht Kimba zu Recht stolz und lässt ihn gegenüber seinen Kollegen in einem glänzenden Licht erstrahlen.

Natürlich dürfen Kunden sich freuen, wenn sie erfolgreich mit ihrem Software-Partner zusammenarbeiten. Gute Geschäfte basieren immer auf einer emotionalen, vertrauensvollen Basis. Natürlich muss man sich nicht immer in den Arm nehmen, ein wertschätzender, respektvoller Umgang sollte es in jedem Fall sein. Kimba ist es wichtig, dass er einen sehr guten Zugang zu seinen Kunden hat.

Er geht sogar soweit, dass seine Kunden, wenn sie ihn nicht direkt erreichen, ein wenig enttäuscht sind, weil er immer mit einem Schalk im Nacken kommuniziert und ihnen das Gefühl gibt, dass das Problem, was sie gerade haben, sich ganz einfach lösen lässt. Kimba ist sich absolut sicher, dass diese Leichtigkeit, die Freude und der Humor seine „Geheimwaffen" sind, um mit seinen Kunden zu arbeiten. Und außerdem macht es ihm selbst viel mehr Freude, auch einmal bei komplizierten Projekten, auf diese Art wieder das Zepter in die Hand zu bekommen. Schwer wird es manchmal von alleine, warum es also nicht einfach drehen und mit einer positiven Ausstrahlung seine Kunden begeistern? Natürlich gibt es auch bei Kimba Kunden, die selbst sehr ernst und nachdenklich sind, da ist es etwas schwieriger, oder manchmal passt es einfach nicht zusammen. Dafür hat Kimba drei Leitprinzipien:

1. Klare Zielfokussierung und Formulierung. Was soll das Ergebnis sein? Bleibe Dir selbst treu und wenn Du merkst, das etwas vernebelt, schaffe den Nebel zur Seite und lass es wieder klar werden. Sowohl auf der fachlichen wie auch auf der emotionalen Ebene.
2. Nur bei einem gegenseitigen Vertrauen lassen sich herausfordernde und andere Projekte gewinnbringend für beide Seiten umsetzen. Vertraut Dir der andere nicht oder Du ihm nicht, sei so fair und breche das Projekt an der Stelle ab. Ihr werdet euch in gegenseitigen Vorwürfen nicht mehr im Projekt zurecht finden.

3. Setze Deinen Humor ein, das löst ganz viele Situationen und schafft Raum für neue, kreative und manchmal ungewöhnliche Lösungsansätze.

Kimba ist eben Kimba. Und darum hat er sich ganz bewusst dafür entschieden, seine Emotionen aktiv einzusetzen und einfach so zu sein, wie er eben ist. Natürlich ist das sowohl mit Sonnen- als auch mit Schattenseiten versehen. Aber die Sonnenseiten überwiegen eindeutig und machen den Alltag leichter und spannender.

Löwenweisheit Öffne professionell Dein Herz. Es ist sehr schwer, offenen Menschen mit Aggressivität oder Misstrauen gegenüber zu treten. Du wirst so mehr freundliche und gewinnbringende Stunden in Deiner Arbeit haben, Dich mehr wertgeschätzt fühlen und vor allem auf Dauer fast nur noch mit Menschen arbeiten, die so ticken wie du. Dass, was Du ausstrahlst, bekommst Du manchmal direkt und manchmal auf indirektem Weg wieder zurück. Habe Mut und lasse Deine Emotionen zu.

6

Lehn Dich mal ganz weit aus dem Fenster – ganz weit!

Lono

© Springer Fachmedien Wiesbaden 2016
R. Wendt et al., *Die Löwen-Liga: Stolz schafft Erfolg*,
DOI 10.1007/978-3-658-09353-2_6

Rums. Mit einem lauten Knall haut Lonos Chef einen Stapel Adressen unsanft auf seinen Schreibtisch. „Das sind 80 Adressen von Anwaltskanzleien. Wir haben eine neue Software von einem unserer Partner eingekauft und Ihre Aufgabe ist es, diese zu verkaufen." Lonos Blick verrät neben der aufkommenden Panik gleichzeitig Überforderung und Überraschung. „Was haben Sie sich denn vorgestellt, wie soll ich am besten vorgehen?", mit dieser Frage, die nach Orientierung sucht, wendet sich Lono an seinen Chef. „Gar nicht. Sie sind doch hier für den Verkauf zuständig, denken Sie sich einen Weg aus, der erfolgreich ist. Am besten rufen Sie bei den Adressen an, machen einen Termin, damit wir dann in dem Termin die Software verkaufen können." Na, das klingt doch mal nach einem vernünftigen Vertriebsplan. „Gibt es dazu noch Unterlagen, die ich unseren Kunden zusenden kann?" „Nein, da haben wir nichts und wir haben auch nicht vor, dafür Geld auszugeben." Dem Vertriebsleiter sind seine Gedanken anzusehen: Wozu habe ich Leute im Verkauf, sollen die doch zusehen, wie sie das lösen.

Lono sieht erst einmal die Adressen durch. Ausschließlich Anwaltskanzleien. In dem Segment hat er bisher so gar keine Ahnung, er weiß überhaupt nicht, wie der Markt funktioniert. Denn von handwerklichen Unternehmen, die er bisher akquiriert und betreut hat, auf Anwälte umzuschwenken, ist schon etwas ungewöhnlich und sportlich. Aber hilft nichts, da muss er jetzt durch. Er setzt sich dran und sieht sich erst einmal die Software an. Schreibt sich auf, was die Besonderheiten sind, welche Grundlagen mitgeliefert werden, und versucht zu verstehen, was so einer Anwaltskanzlei wichtig ist. Da er von den anwaltlichen Vorgängen keine Ahnung hat, ist es für ihn nicht leicht so leicht nachzuvollziehen, was die wichtigsten Punkte der Software sind, die den Anwälten helfen könnten, den Alltag zu erleichtern. Damit Lono wenigstens etwas Futter zum Telefonieren bekommt, ruft er den Softwarehersteller an und lässt sich erklären, wie diese beim Verkauf vorgehen und mit welchen Argumenten sie bei den Anwälten punkten.

Am darauf folgenden Tag geht Lono zu seinem Chef mit folgender Idee: „So, ich habe alle Informationen erschlossen. Ich fange an, zu telefonieren, und so wie ich das sehe, mache ich wahrscheinlich zehn Termine, denn der Hersteller meinte, dass es kaum Wettbewerber gibt, die so gut sind wie deren Software." „Das ist doch mal eine Ansage", antwortet Lonos Chef. Und mit dieser Vereinbarung geht Lono zurück zu seinem Schreibtisch. Legt sich die Liste mit den Adressen zurecht, daneben seine Notizen, und er greift beherzt zum Telefonhörer.

Die Anwaltskanzleien erreicht er meistens ohne Probleme, jedoch nur die Assistentinnen. Zu den Anwälten kommt er fast nie durch, denn die Assistentinnen sind erstklassig geschult und lassen Lono nicht den Hauch einer Chance, sein Anliegen vorzutragen. Aber es gibt ein paar Ausnahmen, Kanzleien, die so klein sind, dass er den Anwalt direkt am Telefon hat. Da er sich in dem Bereich fachlich nicht auskennt, laviert sich Lono mit seinem Halbwissen durch die Gespräche. Natürlich lernt er von Gespräch zu Gespräch hinzu, aber gleichzeitig muss er auch erkennen, dass es Softwareprogramme gibt, die den Markt schon besetzen. Fleißig ist er ohne Ende, denn nach zwei Tagen hat er alle Adressen abtelefoniert und bis auf drei Kanzleien auch erreicht. Das Ergebnis jedoch ist mehr als ernüchternd. Von den angestrebten zehn Terminen hat er keinen einzigen vereinbart. Die Antworten waren vielschichtig, jedoch immer so, dass das Produkt niemand haben wollte, denn Lono ist es in keiner Weise gelungen, auch nur den Hauch eines Interesses zu wecken. Die meisten Anwälte sind mit ihrem alten System zufrieden und scheuen die Neuinvestitionen. Hinzu kommt, dass kein Anwalt den Hersteller kennt, dessen Software Lono anbietet.

Wie sage ich das meinem Chef? Lono hat sich alle Informationen sauber und ordentlich in seine Liste eingetragen. Er selbst hätte nicht gedacht, dass das Ergebnis so niederschmetternd ist. Jetzt muss er diese Tatsache seinem Chef wohl beichten. „Einen schönen guten Tag. Die gute Nachricht ist: Ich habe fast alle Anwälte erreicht. Die schlechte: Was überhaupt nicht geklappt hat, ich habe nicht einen einzigen Termin. Die Gründe habe ich alle in diese Liste eingetragen." Lono kann gut sehen, wie sein Chef immer ruhiger wird und gar nichts sagt. Nach einigen Minuten des Schweigens antwortet er: „Das ist nicht gut. Wir hatten uns von dem neuen Produkt und dem neuen Markt erhofft, dass es unsere schlechten Ergebnisse beim Verkauf der rückläufigen Handwerker-Software auffangen würde. Ich habe das Gefühl, Sie haben sich da nicht intensiv genug vorbereitet." Lono wehrt sich. Und erzählt, wie er sich vorbereitet hat. Dass er mit dem Hersteller gesprochen und sich alle Argumente von allen Seiten angesehen hat. Was er nicht sagt, dass er gerne mehr Unterstützung von seinem Chef gehabt hätte. Aber auch sein Chef hat dazu keine Ideen beizusteuern und so bleibt dieser fulminante Misserfolg an Lono hängen. Denn er allein ist dafür verantwortlich, hier Ergebnisse zu liefern.

Lono macht sich Vorwürfe, dass er nicht gut genug für den Job ist, dass er keine Ahnung hat, wie er die Software verkaufen kann. Er fühlt, dass er alleine gelassen wird, lässt das Versagen aber ganz alleine auf seinen Schultern lasten.

Wie kannst Du Mitarbeiter wie Lono unterstützen?
Ganz gleich bei welchem Projekt, wenn mehrere in einem Team daran arbeiten, ist viel Wissen vorhanden und das muss Lono in diesem Fall nutzen, um mehr Erfolg beim Telefonieren zu haben. Darum ist es sinnvoll, sich die Zeit zu nehmen, neue Aufgaben im Team kurz zu erläutern und zu fragen, wer welche Erfahrungen hat und was gut gelaufen ist. So muss nicht jeder einzelne diese negativen Erfahrungen machen. Nutze das unendliche Wissen, das in Deinem Team steckt. Einzelaktionen von Mitarbeitern sind so wesentlich schlagkräftiger. Und dann können auch Mitarbeiter wie Lono jedes Projekt umsetzen, selbst wenn sie bisher noch gar keine Erfahrungen damit haben.

Kimba
Kimba ist der Star. Egal, was er auf den Tisch bekommt, er macht daraus neue Aufträge. Einfach so. Er hat zwar keine Ahnung von den jeweiligen Branchen, kann den Kunden aber sehr gut vermitteln, welche erstklassigen Ergebnisse sie mit der Software erreichen werden. So gelingt es ihm, seine Kunden ständig von neuen Produkten zu überzeugen. Er hungert ständig nach Neuerungen und neuen Produkten. Es erfüllt ihn voller Stolz und er genießt dieses berauschende Gefühl, auch einmal abgehoben zu sein, den Erfolg mit beiden Händen voll greifen zu können und diese Leichtig-

keit zu spüren, mit der er durch die Geschäftswelt wandeln kann.

Jetzt ist es endlich seiner Firma gelungen, die Bilanz- und Anlagenbuchhaltung als verbindendes Softwareprodukt zu schaffen. Bisher konnten die Kunden ihre Daten einzeln in der Buchhaltung, in der Lohnbuchhaltung, der Kostenrechnung, dem Lagerwesen und anderen Spezialprogrammen verwalten, pflegen und weiter entwickeln. Was bisher gefehlt hat, ist die Auswertung dessen, wie sich dieser Prozess im Betriebsergebnis auswirken wird. Und das zeitnah, vorab in der Firma, und nicht erst dann, wenn die Daten vom Steuerberater zurückkommen. Von Bilanzen und Anlagenbuchhaltung hat Kimba zwar schon grob etwas gehört, aber welchen unmittelbaren Nutzen diese für das Unternehmen haben, das kennt er nur aus der Theorie, aus seiner Weiterbildung in Volkshochschule, aber nicht aus der Praxis.

Da Kimba einen guten Draht zur Entwicklungsabteilung hat, weiß er, dass die Einführung des neuen Programms unmittelbar bevor steht. Denn hin und wieder geht er mit den Mädels aus dem Support auf die Party und die gackern dann immer so viel rum, dass sie sich nach den ersten leckeren Löwencocktails natürlich glatt verplappern. Also geht Kimba zu seinem Chef: „Hallo Chef! Wie ich gehört habe, startet kommende Woche der Verkauf der Bilanz- und Anlagenbuchhaltung. Dieses Projekt würde ich gerne leiten. Ich denke, dass 30 % unserer Kunden die Software gut einsetzen können. Was meinen Sie, passt das?" Sein Chef ist begeistert. „Klar, machen Sie das. Auf die Ergebnisse bin ich sehr gespannt." Kimba bleibt mit stolzgeschwellter Brust zurück und lässt seine Mähne locker auf den Boden fallen, so hat er sich das vorgestellt. Mal den anderen zeigen, wo die leckeren Steaks gebraten werden und wer hier der beste Löwe im Verkauf ist.

Am nächsten Tag geht er an die Arbeit. Er zieht sich in sein Büro zurück und analysiert die Bilanz- und Anlagenbuchhaltung bis ins kleinste Detail. Sofort fallen ihm die Bereiche auf, in denen die Daten aus den anderen Programmen einfließen und weiter verarbeitet werden. Kimba ist begeistert. Da wäre ja jeder seiner Kunden unklug, wenn er dieses Werkzeug nicht einsetzen würde. Dazu kommt ein weiterer Aspekt: Jeder seiner Kunden könnte durch den Einsatz aller kaufmännischen Produkte Zeit sparen und hätte einen wesentlich besseren Überblick über sein jeweiliges Geschäft. Das ist gut für Kimba, denn das bringt ihm doppelt zusätzlichen Umsatz. Denn auf der einen Seite müssen die Programme gekauft werden und dann natürlich noch die Kunden geschult werden. Das macht Freude.

Kimba fackelt nicht lange. Schnell hat er den Schulungsraum für ein zweitägiges Seminar in zwei Wochen gebucht, kostet ihn ja nichts, gehört zum Haus. Er verfasst die Einladung dazu und gibt sie an seine Assistentin. Dann macht er sich daran, seine Präsentation auszuarbeiten. Wenige Höhepunkte, die er aber ganz gezielt setzt, ein paar Lacher für die Steigerung des Präsentationsklimas und für jeden der Teilnehmer ein Geschenk zum Mitnehmen, damit die Kunden im Anschluss auch die Software kaufen. Kimba kauft selbst nur, wenn er sich bei Produkten ansehen kann, wie sie funktionieren. Und seine Kunden sollen das gleiche Erlebnis haben, wie Kimba, darum geht er so vor.

Zwei Wochen später: Kimba hat trainiert und sich die Präsentation bis ins Detail eingeprägt. Der Seminarraum ist voll mit 25 interessierten Teilnehmern, die darauf warten, dass Kimba ihnen zeigt, wie sie ab morgen besser ihre Firmenfinanzen in den Griff bekommen. Denn genau das und nicht weniger, hat ihnen Kimba in der Ankündigung für heute versprochen. Kimba fährt den Rechner, den er extra für diese Präsentation in den letzten Tagen vorbereitet hat hoch, doch der sagt keinen Mucks. Der Bildschirm bleibt schwarz. Erste klare Schweißperlen laufen Kimba von der Stirn ins Fell. Was tun? Der Pulsschlag beschleunigt sein Unwohlsein. Da fällt sein Blick auf den zweiten Schulungsraum. Der ist zum Glück frei. Kimba, charmant und mit unterdrückt bebender Stimme, bittet seine Gäste in den anderen Raum. Schnell sind die Gläser und Kekse umgeräumt. Dort fährt der Rechner dann glücklicherweise hoch. Kimba hat jedoch keine Zeit, seine vorbereiteten Daten auf diesen Rechner aufzuspielen. Nun ja, jetzt muss das eben so gehen.

Da Kimba genau weiß, was er zeigen will und welches Ziel er hat, fällt es ihm leicht, die wichtigsten Punkte in dem neuen Programm zu präsentieren. Außerdem wissen seine Kunden ja nicht, was er vorbereitet hatte. In den Augen seiner begeisterten Zuhörer sieht Kimba schon, wie sie dabei sind, im Geiste die Bestellungen auszufüllen. Dann überreicht Kimba den Erinnerungsanker an die Veranstaltung, das kleine Geschenk. Er ist rundum mit sich zufrieden. Kimba fühlt den Sieger in sich, wie er als erster durch den Zieleinlauf rennt, sodass er das Band mit einem Ruck mit seinem Oberkörper zum Zerreißen bringt. Er könnte die Welt umarmen. Der Schock vom schwarzen Bildschirm, mit dem nicht hochfahrenden Rechner, ist verflogen. Aber auch das würde ihm kein zweites Mal passieren. Künftig wird er die Hardware kurz zuvor noch gründlicher checken und immer einen Plan B in der Hinterhand haben.

In der Nacharbeitung kann Kimba dann entspannt verbuchen, dass zwölf der anwesenden Kunden sich sofort für die Einführung der Bilanz- und Anlagenbuchhaltung interessieren. Weit mehr, als es sich selbst zugestanden hätte. Und dazu kommt noch, dass er allen 25 Teilnehmern eine Pauschale für die Veranstaltung in Rechnung stellen kann. Somit belaufen sich seine Akquisekosten auf nahezu 0 Euro. Denn die Vorführung der Software hat Kimba als Weiterbildungsveranstaltung beworben. Alles in allem eine sehr gute Vorgehensweise, die sich für fast alle Softwarebereiche anwenden lässt.

Die wesentlichen drei Punkte bei Kimbas Vorgehen und dem anschließenden Erfolg sind:

1. Eine gründliche Analyse: Wie unterstützt in diesem Fall die Software die potenziellen Kunden dabei, mehr, besser und effektiver einen Überblick über die Finanzen des Unternehmens zu bekommen? Und somit mehr Geld zu verdienen? Also welchen unmittelbaren Nutzen hat der Kunde von dem Produkt?
2. Welche Kontakte habe ich bereits, die mir vertrauen, denen ich das Produkt sofort anbieten kann? Zunächst die Kontaktdatenbank durchsehen und filtern. Darum ist es so unendlich wichtig, ein aktuelles und funktionierendes Kundenmanagementsystem zu haben, das regelmäßig gepflegt wird.
3. Mit welcher Maßnahme gelingt es mir, diese Kunden in einer Gruppe zusammen zu bekommen, sodass ich eine möglichst hohe Verkaufschancen habe? Denn wenn in

der Gruppe die ersten begeistert sind, ziehen die Kunden, die zögerlich oder nachdenklich sind, automatisch mit. Somit ist die spannende Frage: Wie bekomme ich den Glanz in die Augen meiner Kunden?

Durch diese Vorgehensweise ist es ziemlich sicher, dass der gewünschte Erfolg eintreten wird und sich nicht nur Kimba, voller Stolz auf die Brust klopfen kann und federleichten Schrittes zum nächsten Verkaufsgespräch geht. Und so vorbereitet punktest Du in jedem Verkaufsgespräch, da kannst Du Dich auf dem Balkon auch einmal ganz weit über die Brüstung strecken.

Löwenweisheit Es lohnt sich, sich große Ziele zu stecken. Die dürfen auch überzogen klingen. Wenn Du dabei den Weg klar vor Augen hast, wie, wo und warum Du Deine Kunden abholst, dann wirst Du Dein Ziel ganz sicher erreichen, oder eventuell sogar übertreffen. Denn nur Ziele, die unerreichbar scheinen, animieren Dich dazu, neue Wege zu gehen oder neue Verfahrensweisen auszuprobieren. Bei zu kleinen Zielen bleibst Du in dem Fahrwasser, das Du kennst und in der Fahrrinne, die Du bisher sicher befahren hast. Darum, habe den Mut, lehne Dich ganz weit aus dem Fenster und gehe ungewöhnliche Wege, der Erfolg ist mit Dir.

7

Breche mit dem Bewährten

Lono

© Springer Fachmedien Wiesbaden 2016
R. Wendt et al., *Die Löwen-Liga: Stolz schafft Erfolg*,
DOI 10.1007/978-3-658-09353-2_7

Was für ein geniales Gespräch. Der Typ ist zwar etwas schräg, aber irgendwie cool. Lono hat sich ja schon auf einen großen Zirkus eingestellt, aber das übertrifft dann doch seine Erwartungen. Sämtliche Gebäude sind neu gebaut, der Eingangsbereich eindrucksvoll mit großen exotischen Pflanzen gestaltet, und dann die vielen schrägen Fenster, durch die das Licht ungehindert auf den kuschelweichen Fußboden flutet. Gleich daneben die mit Glaswänden abgetrennten Gesprächszimmer, in denen die vertraulichen Gespräche mit Kunden oder Bewerbern, wie Lono stattfinden. Dieses Unternehmen macht ebenso, wie seine jetzige Firma, einen sehr guten Eindruck auf Lono. Das mit dem Verkauf von Software war ja eine ganz gute Idee, aber dennoch jeden Tag irgendwie das Gleiche. Eine wirkliche Herausforderung gibt es für ihn dabei nicht mehr. Und Lono spürt, wie seine kreativen Tatzen irgendwie nach Auslauf suchen. Außerdem hat er es satt, jeden Tag mit schlecht sitzenden Anzügen und Krawatten, die er noch nie mochte, rumzulaufen. Da fällt an einem Samstag sein Auge auf die Stellenanzeige für einen Marketingassistenten, in einem Fahrzeugbauunternehmen.

Marketing war schon immer seine Leidenschaft. Voller Ehrfurcht und Neugier hat er sich immer gewünscht und vorgestellt, wie es wäre, in dieser schillernden Branche arbeiten zu dürfen. Lono hat zwar Informationstechnologie studiert, aber Marketing, das war seine eigentliche Leidenschaft und das ist ja dann noch etwas anderes, oder? Im Vorstellungsgespräch zeigt ihm sein eventuell neuer Chef nicht nur die Arbeitsplätze und die weitläufigen Hallen, sondern konfrontierte Lono auch gleich mit dem Unternehmensprospekt. Wie ihm, denn die Titelseite gefallen würde? Tolle Frage, wo ist das Fettnäpfchen, in dem ich meine Aussage frittieren kann? Nun ja, Lono sagt frei heraus, dass sie einen sehr kindlicher Stil habe, den er nicht passend für ein seriöses Unternehmen findet. Und die quietschenden Farben wirken zudem etwas aufdringlich, bei so einem handwerklich hochwertigen Produkt. Sein potenzieller neuer Chef erwidert, dass es eine Werbeagentur gewesen sei, die das Prospekt zusammen mit ihm erarbeitet hat. Lono hatte es geahnt, ein großer Fettnapf.

Zwei Tage später genießt Lono den lauen Sommerabend. Sanft weht ein Wüstenlüftchen über sein Abendessen auf dem Balkon, da klingelt das Telefon. Sein neuer Chef, kurz nach acht Uhr. Er, Lono, könne zum kommenden Monat den Job beginnen. Es gibt nur eine Bedingung: Da die gesamte Firma sich zu dem Zeitpunkt in den Ferien befindet, soll Lono seinen Firmenrechner abholen und schon mal zu Hause anfangen, an den Prospekten zu arbeiten.

Kein Problem, Lono kennt sich schließlich mit Computern aus. Gesagt, getan. Lono ist stolz, er hat einen neuen Job und den gleich bei seinem ersten Anlauf, mit seiner ersten Bewerbung. Und das, obwohl er von dem, was er da tun soll, noch kein klares Bild hat bzw. es eine komplett neue berufliche wie fachliche Herausforderung ist. Der einzige Antrieb war, dass er unbedingt einen Job im Marketing haben wollte.

Seine erste Aufgabe ist dann auch gleich, im Urlaub das Design für ein neues Werbedatenblatt für ein neues Fahrzeug zu erstellen. Hätte Lono nur gewusst, worauf er sich einlässt. Der Mac hatte ein komplett anderes Betriebssystem als er es bisher kennt. Die Grafikprogramme arbeiten nach einer komplett anderen Logik und er soll gleich einen ganz neuen Entwurf erstellen? Und er hat niemanden, den er fragen kann, wie das System funktioniert, denn bisher hat in der neuen Firma damit noch keiner gearbeitet.

Lono sitzt vor dem Bildschirm und versucht, etwas halbwegs Sinnvolles in QuarkXPress zu zaubern. Irgendwie dauert selbst das Anlegen des Dokumentes einen halben Tag. So nach und nach gelingt es ihm, Textfelder aufzuziehen und etwas darin zu schreiben. Die Schweißperlen laufen in sein kurz geschorenes Sommerfell. Hätte er mal lieber nicht so eine große Klappe gehabt und sich einfach besser vorbereitet. Vielleicht sollte er doch einen Kurs besuchen. Jedenfalls schafft es Lono in den drei Wochen Betriebsferien gerade einmal, die Grundstrukturen für ein neues Werbedatenblatt einzurichten. An seinem ersten echten Arbeitstag, nach den Sommerferien in der Fahrzeugbaufirma, stellt er den Rechner an seinen Arbeitsplatz. Er hat Bauchschmerzen.

Natürlich ist Lonos Chef von dem schmalen Ergebnis nicht sehr angetan. Er fragt Lono auch gleich, welche Fahrzeugfotos er für den Prospekt verwenden möchte. Zaghaft fragt Lono, ob die Fotos vorhanden seien. Es gibt keine Fotos, die solle Lono noch selbst anfertigen. Lono bekommt die Fotoanlage gezeigt, mit den drei großen Blitzlichtlampen und der tollen Kamera, außerdem das Fahrzeug, das er ablichten soll. Gut, dass er früher schon gerne fotografiert hat. Zwar nicht mit so komplexen Objekten mit einer so großen Tiefe, so viel Glas und Chrom, aber es hat ihm immer richtig Freude bereitet. Diesmal hat Lono dazu gelernt. Er heuert einen Fotografen an, der ihm in einer Stunde zeigt, wie die wichtigsten Handgriffe funktionieren und worauf er achten muss, wenn das Fahrzeug halbwegs professionell abgelichtet werden soll. Schnell sind die Fotos gemacht, abgespeichert und warten auf die weitere Bearbeitung im Rechner.

Die Inhalte textet Lono dann auch zügig und er fertigt die dazu passenden technischen Zeichnungen an. Und dann werden die Bilder bearbeitet und in das Datenblatt eingesetzt. Diese sind zwar etwas dunkel, Lono hellt sie also noch auf. Die Druckerei arbeitet schon länger für das Unternehmen, da muss Lono also keine Arbeit investieren, denn sie wissen sicherlich, wie sein Chef die Werbedatenblätter haben möchte.

Zwei Wochen später. Die Kartons mit den 5000 Prospekten werden auf einer kleinen Palette angeliefert. Neugierig öffnet Lono den ersten Karton. Sofort fällt sein Blick auf das Fahrzeugbild. In dem Moment rutscht ihm sein Löwenherz ganz tief ins Fell. Was für ein Mist, wie konnte das nur passieren? Wieso haben die so etwas gedruckt? Er hatte der Druckerei gesagt, dass, wenn etwas nicht in Ordnung sei, sie sich bei ihm melden sollten. Und jetzt diese Katastrophe. Sein erster Prospekt, schön auf Hochglanzpapier – und gleich reif für die Papiertonne. Das Foto ist so dunkel, dass man schon sehr viel Phantasie aufbringen muss, um zu erkennen, was in dem Fahrzeug für eine Ausstattung eingebaut ist.

Lono hat sein erstes Projekt bei seinem neuen Arbeitgeber komplett, aber so mit Anlauf, gegen die Wand gefahren. Wer soll das bezahlen? Würden sie es ihm von seinem Lohn abziehen? Wie naiv war Lono eigentlich, zu glauben, er könnte ohne eine Weiterbildung einfach mal so in einem völlig neuen Berufszweig durchstarten? Die nächsten schlaflosen Nächte bringen ihm nur eine Erkenntnis: Bilde

Dich ganz schnell weiter. Woher bekommst Du die notwendigen Informationen? So etwas kommt nicht wieder vor. Nie wieder. Lono wird sich auf alle neuen Aufgaben intensiv vorbereiten. Punkt.

Wie gut ausgebildet sind Deine Teammitglieder?
Und nicht nur in fachlichen Dingen.
Achte darauf, dass sich alle regelmäßig weiterbilden, um immer auf dem aktuellen Wissenstand zu sein. Jedes Jahr ein wenig Weiterbildung schafft neue Blickwinkel in einem Team. Lasse zu, dass sich Deine Kollegen und Mitarbeiter nicht nur in den eingefahrenen fachlichen Belangen weiterbilden, sondern ganz bewusst auch in Formate gehen, die die empathischen und emotionalen Fähigkeiten fördern und dies ganz bewusst außerhalb des fachlichen Rahmens.

Kimba
Das war nichts für die Ewigkeit. Kimba hat zwar Freude an seinem Job als Softwareberater, allerdings kann er sämtliche Programme im Schlaf bedienen. Nicht selten kommt es vor, dass sein Musterrechner nicht läuft, und ihn Kunden wegen eines Problems anrufen. Dann kann er aus dem Gedächtnis heraus jeden einzelnen Schritt am Telefon erklären, ohne dass der Ablauf auf einem Rechner zu sehen ist. Kimba will etwas machen, wobei er seine ungestüme Kreativität ausleben kann und es darum geht, etwas mitzugestalten und etwas Neues aus der Taufe zu heben. Darum hat er sich in der Zwischenzeit auch aus dem Softwarebetrieb verabschiedet.

In seinem neuen Job ist Kimba nun für das Marketing und den Verkauf von gebrauchten Verkaufsfahrzeugen zuständig. Ein sehr ansprechender und vielseitiger Job. Seine erste Aufgabe: er sollte sich etwas einfallen lassen, wie er die über 100 gebrauchten, teilweise ziemlich alten Fahrzeuge in den Verkauf bringen kann. Der Platz, auf dem die Fahrzeuge stehen, sind fast bis zum letzten Platz vollgestellt. Und sein Chef mag liquide Mittel …

Da Kimba es gewohnt ist, sich nach rechts und links zu orientieren, lässt er sich erst einmal sämtliche Zeitungen zusenden, die es derzeit für den Auto- und Nutzfahrzeugmarkt gibt. Die ordnet er ordentlich in seinem Büro so an, dass er alle auf einen Blick sehen kann. Dann schreibt sich Kimba auf, was sein Chef erreichen möchte. Umsatz in Millionen Euro, denn die über 100 Fahrzeuge werden derzeit von der Bank finanziert. Seine Idee ist, dass er ein völlig neues Medium schaffen wird, etwas, dass es so in der Branche bisher noch nicht gegeben hat.

Die Markthändler sind ein sehr neugieriges Publikum und mögen es gerne bunt. Also müssen alle Fahrzeuge farbig abgedruckt werden und das betrifft ja über 100 Stück. Kimba sucht sich aus allen Zeitungen das jeweils beste als Anregung heraus und macht ein Konzept für seinen Chef. Seine Kriterien sind:

1. Das Prospekt soll zeitschriftenähnlich funktionieren. Es darf in der Umsetzung nicht viel an Kosten verursachen und muss multiplizierbar sein. Das heißt, jederzeit kommt eine neue Auflage heraus. Außerdem soll diese Zeitung in der Größe das Maximum betragen und dabei im Porto optimiert sein.

2. Des Weiteren muss die Zeitung besser, klarer, handhabbarer und informativer sein als alles, was aktuell auf dem Markt ist. Also einen neuen Standard setzen.
3. Und dem Wettbewerb müssen die Tränen in den Augen stehen, so genial muss die Zeitung in der Umsetzung sein. Und natürlich wirtschaftlich einen richtig großen Erfolg bringen, sodass der Platz möglichst leer wird und das Kapital wieder auf der Straße unterwegs ist.

Jetzt braucht Kimba also die Bilder. Von 100 Fahrzeugen. Das heißt für ihn: das gesamte Equipment zusammensuchen, alle Akkus aufladen, sämtliche Fahrzeugschlüssel besorgen und morgens ganz früh anfangen, wenn die Sonne noch möglichst tief steht. Kimba macht sich an die Arbeit. Am ersten Tag schafft er gut die Hälfte der Fahrzeuge zu fotografieren. Abends ist er allerdings völlig platt, sodass er den zweiten Tag mit etwas mehr Ruhe angeht. Aber dann hat er es geschafft. 100 Fahrzeuge sind in nur zwei Tagen komplett fotografiert. Es hat so lange gedauert, da er jedes Fahrzeug oder jeden Anhänger aus der Reihe, in der er steht, heraus einzeln heraus fahren musste, dann die Verkaufsklappen öffnen, die Blitzlichter so positionieren, dass die keine Spiegelungen auf den Glastheken und Edelstahlflächen erzeugen, und dann das Bild machen. Dann alles wieder zusammen klappen und das Fahrzeug wieder zurück in die Reihe stellen. Dann das nächste Fahrzeug. Jetzt ist Kimba fit und kennt sich mit den unterschiedlichen Fahrzeugtypen aus. Gut, dass er in seiner Jugend den LKW-Führerschein gemacht hat. Und mit der Kamera ist Kimba der Held. Mittlerweile hat er ein Adlerauge dafür, wie er das Licht setzen muss und wie die Besonderheiten, gerade der alten Modelle, vorteilhaft zur Geltung kommen. Es reichen ihm zwei Fotos von jedem Fahrzeug, so sicher ist er beim Shooting, das zweite Bild mehr zur Sicherheit. Was er jedoch nicht mehr aus der Nase bekommt, ist dieser Geruch von altem Käse und der Muff aus den Fleischtheken, von den schon sehr betagten Fahrzeugen. Manchmal hat er den Eindruck, dass sich die Theken bewegen. Ist sich aber sicher, dass er darüber nicht nachdenken sollte.

Den Prospekt hat Kimba dann schnell grafisch aufbereitet. Die technischen Daten auf das notwendige gekürzt und den Verkaufspreis schön groß abgesetzt. Die Druckerei hat auch gerade nicht so viel zu tun, sodass die Prospekte recht schnell geduckt sind. Dann kommen die Briefumschläge. Kimba ruft schnell die Mädels aus der Verwaltung zusammen und gemeinsam packen sie die Prospekte in die mit den Adressen beschrifteten Umschläge. Dann kommen diese sortiert nach Postleitzahlen in die schönen gelben Boxen und ruck zuck sind 5000 Prospekte an die Kunden verschickt. Nun heißt es warten. Warten, ob sich die Kunden melden und die ganze Arbeit der letzten Wochen sich auch genauso auszahlt, wie es sich Kimba vorgestellt hat.

Es dauert nicht lange. Nach drei Tagen rufen die ersten Kunden an. Dann werden es in den kommenden Tagen immer mehr. Innerhalb von vier Wochen sind Fahrzeuge im Wert von über einer Million Euro verkauft. Sein Chef ist glücklich und froh, dass er sich bei dieser Aktion komplett raus gehalten hat. Und Kimba ist stolz wie Oskar, denn vier Wochen später sieht er, dass der größte Wettbewerber seine Idee kopiert hat. Es gibt keine größere Ehre, als wenn ein Wettbewerber keine eigene Idee hat, sondern eine Idee, die erfolgreich im Markt ist, 1:1 kopiert. Was für ein Erfolg.

Kimba fühlt sich geehrt und hat das Gefühl, auf dem Podest ganz oben zu stehen. Stolz blickt er in die Runde. So setzt man neue Maßstäbe. Nur die gesamte Ausführung ist etwas billiger. So sind die Bilder in schwarz-weiß gehalten und insgesamt ist der gesamte Prospekt mit weniger Feingefühl produziert worden.

Was für ein Erfolg. Es lohnte sich also, so viel Engagement in die Analyse für ein völlig neues Projekt zu stecken. Und niemals einfach etwas kopieren, was es bereits gibt, sondern gleich einen komplett neuen Standard setzen.

Löwenweisheit Wenn Du eine neue Aufgabe angehst, öffne Deinen Horizont, sieh Dich rechts und links um. Gehe ungewöhnliche Wege und vor allem bereite Dich gründlich vor. Denn nur wer sich richtig gut vorbereitet, ist auf (fast) alle Eventualitäten gerüstet. Lass Dir bei Deinen Träumen nicht dazwischen reden, denn Du bestimmst die Richtung, sonst keiner.

8

Hinterfrage immer wieder Dein Engagement

Lono

© Springer Fachmedien Wiesbaden 2016
R. Wendt et al., *Die Löwen-Liga: Stolz schafft Erfolg*,
DOI 10.1007/978-3-658-09353-2_8

„Ja, das ist interessant, da komme ich sehr gerne mit, um mir das einmal ansehen." Ein wenig verwundert legt Lono den Telefonhörer auf die Telefonschale. Er kennt den Anrufer nur flüchtig, einer der IT-Luchse, die immer alles besser wissen und einem nur einen Wartungsvertrag verkaufen wollen, ohne dass da viel an Leistung drin stecken würde. Aber dennoch, das Angebot, sich dieses Netzwerk anzusehen, bei dem sich nur Geschäftsleute treffen, das klingt sehr verlockend. Außerdem ist gerade Sommer und da fällt es Lono wesentlich leichter, so früh aufzustehen, also hat er kurzerhand, neugierig wie er ist, zugesagt, das Treffen beginnt um 6.30 Uhr.

Zwei Tage später ist es soweit. In einem engen Flur stehen über 20 gut gekleidete Geschäftsleute und reden angeregt miteinander. Es ist sehr laut und vor allem sehr stickig. Die Lautstärke ist auch nicht wirklich vorteilhaft für Lono, denn seit seiner frühesten Jugend leidet er darunter, wenn es im Umfeld laut ist. Er kann sich immer nur auf einen Gesprächspartner konzentrieren. Ein kleiner Nachteil beim Networking in großen und lauten Gruppen. Schon merkt Lono, wie sein weißes Hemd am Rücken anfängt, an seinem Fell zu kleben. Gut, dass er sich das luftige Sakko übergezogen hat. Und sofort kommt Lono mit einer Seidenspinnerin ins Gespräch. Sie erzählt ihm voller Enthusiasmus, welch tolles Garn sie spinnen kann. Nun sucht sie noch nach neuen Märkten, die ihr das Garn abnehmen. Super, da hat Lono eine Lösung. Denn mittlerweile ist Lono ein King des Marketings geworden und hat 15 der besten Grafiker und Web-Entwickler aus der Region bei sich unter Vertrag. Ein tolles Team, das aus jeder Marketingidee eine zauberhaft verkaufende Kampagne entstehen lässt. Das

Treffen überzeugt Lono, ungewöhnlich, aber effektiv. Denn es werden 20 Punkte in einer Reihenfolge abgehandelt und was ihn am meisten begeistert, ist, dass jeder der Anwesenden aufsteht und sich, sein Profession und sein Unternehmen persönlich vorstellt. So hat Lono bei jeder Visitenkarte ein glasklares Bild davon, welche Person sich dahinter verbirgt. Und außerdem einen konkreten Grund, denjenigen nach dem Treffen persönlich anzusprechen. Wo stellen sich potenziellen Kunden einem schon so persönlich vor?

Schon zwei Tage später trifft er sich mit der Seidenspinne, um abzuklären, wie sie miteinander ins Geschäft kommen können. Der Termin ist sehr effektiv, den Auftrag bekommt Lono gleich. Einmal Marktforschung und dann strategisches Marketing, um mit neuen Produkten in neue Märkte zu gehen. Was für ein Erfolg. Das kann also so einfach sein, bei diesem Netzwerk mitzumachen. Und, wenn er sich dafür entscheidet, dann hat er mit diesem ersten Auftrag seinen kommenden Mitgliedsbeitrag für die ersten beiden Jahre schon mehr als verdient.

Zwei Wochen später steht Lono wieder in dem stickigen Flur, der Sauerstoffgehalt ist mehr als fraglich und einen Kaffee traut er sich schon gar nicht zu holen, denn der fördert die Schweißperlen noch mehr. Aber diesmal ist er schlauer, er hat ein T-Shirt unter das Hemd angezogen, sodass die Schweißflecken bereits an der Baumwollschicht abgefangen werden und sich dieses unangenehme klebende Gefühl nicht sofort einstellt. Lono hat sich entschieden, er möchte bei dem Netzwerk mitmachen.

Woche für Woche, Jahr für Jahr geht Lono voller Elan und stets mit guter Laune zu seinen Netzwerktreffen. Er engagiert sich und übergibt ganz viele Geschäfte an seine Kollegen. Denn Lono kann sehr gut zuhören und wird von seinen Kunden sehr oft gefragt, wenn diese bei sich im Geschäft etwas ändern möchten oder Handwerker und neue Dienstleister benötigen. Im Laufe der Jahre vermittelt er seinen Netzwerkpartnern so einige Millionen Euro Umsatz. Lono möchte mehr, denn er weiß: für alle geht noch sehr viel mehr, er macht es ja selbst vor. Er weiß, wie das geht. Sein großer Wunsch ist, selbst zu mehr Umsatz zu kommen. Nach sieben Jahren spricht Lono das Thema bei seinem Führungsteam an. Der Elefant nickt bedächtig mit dem Rüssel. Das Nashorn schaut ihn fragend an und der Büffel schwenkt bedächtig seine Hörner. Lono lässt die Schultern fallen, denn sie wissen keine Lösung, sagen Lono lediglich, er solle noch mehr investieren. Lono merkt, wie sich die Enttäuschung bei ihm breit macht. Er fühlt sich allein gelassen. So allein, wie damals, als seine Eltern von Großwildjägern vor seinen kleinen Löwenaugen erschossen wurden. Und er, Lono, kam nur mit dem Leben davon, weil ihn das hohe Gras so einen guten Schutz geboten hat.

Lono ist frustriert. Er hat sich viel engagiert und viele ehrenamtliche Funktionen übernommen. Er hat sich für dieses Netzwerk eingesetzt, teilweise aufgerieben, seine guten Kontakte weiter gegeben und jetzt fordert Lono ein wenig von dem zurück, was er jahrelang eingezahlt hat. Und es kommt nichts. Im Gegenteil, es wird von ihm eine Lösung erwartet. Lono merkt, wie die Trauer sein Herz mit einem schweren Stahlband umzieht und es zusammendrückt. Es fällt Lono sehr schwer, zu akzeptieren, dass sein jahrelanges Engagement nun ein rigoroses Ende gefunden hat. Hier erwartet ihn momentan nichts weiter. Es ist an der Zeit, seine

Zelte abzubrechen und dieses Engagement erst einmal ruhen zu lassen.

Er sucht noch das Gespräch mit dem Netzwerkinhaber, weil er sehen möchte, welche Wege es für ihn noch geben kann. Dafür nimmt er sich einen halben Tag kostbare Zeit, zeigt seine Sicht der aktuellen Situation auf und bekommt keine Antworten. Lono weiß jetzt, woran er ist. Er hat alles versucht, was er konnte.

Lono wendet sich ab. Verneigt sich vor den schönen Momenten, die er mit der Gruppe hatte, lässt noch einmal seine Ergebnisse Revue passieren und verabschiedet sich. Er möchte nur mit Geschäftsleuten arbeiten, wenn die geschäftliche Balance ausgeglichen ist, diese auf Augenhöhe sind und an einer echten Partnerschaft interessiert sind.

Unterziehe Deine Engagements von Zeit zu Zeit einer Prüfung. Welche bringen Dich auf Deinen Weg weiter? Welche sind an der Zeit aufgegeben zu werden?
Wenn Du merkst, dass sich trotz Deines Einsatzes nichts mehr zum Positiven drehen lässt, dann wende Dich neuen Ufern zu. Jedes Engagement hat seine Halbwertzeit und manche enden eben nach einiger Zeit. Ganz wichtig: Sei konsequent, lasse den anderen aber immer die Tür einen Spalt breit offen.

Kimba
Das war ja ziemlich genial. Mit dieser Motivation kommt Kimba von einer tollen Veranstaltung mit 30 anderen Unternehmern. Coole Referenten und alles ist so locker und entspannt gewesen. Alle, die da waren, wollten sich unterhalten, kennenlernen und wissen, was Kimba macht. Nun

ja, Kimba ist sicherlich vieles, aber nicht schüchtern. Die fünf erbeuteten Visitenkarten in seiner Anzugtasche schreien nach Verarbeitung. Mit jedem hat er ausgemacht, dass sie sich im Anschluss zu einem gemeinsamen Mittagessen treffen, um die tollen Gesprächsanfänge zu vertiefen. Eingeladen wurde Kimba von einem seiner besten Kunden. Der dachte, dass sich die Veranstaltung für Kimba lohnen könnte. Und wie. Da waren viele hochkarätige Firmenchefs aus der ganzen Umgebung. Und die waren ganz entspannt, gar nicht so unnahbar, wie Kimba es eigentlich erwartet hat. So einfach hat sich das Kimba nicht vorgestellt. Und die Referenten, sehr klare Ansätze, einprägsame Präsentationen, und er hat wieder einmal wieder etwas dazu gelernt. Denn Kimba ist neuem Wissen gegenüber sehr aufgeschlossen. Er weiß, dass es immer neue Dinge und Blickwinkel gibt, die man in seinen beruflichen Alltag mit aufnehmen kann.

Kimba hat das Treffen so gut gefallen, dass er eine ähnliche Veranstaltung selber machen möchte. Denn auch er möchte auf eine einfache und dennoch attraktive Art und Weise seine Kunden beeindrucken und dauerhaft mit ihnen in Kontakt bleiben. Denn egal, bei welchem Thema, ob im Verkauf oder in der Führung, es gibt immer wieder neue Herangehensweisen, die sich lohnen, kennenzulernen. Eigentlich, denkt sich Kimba, ist es ganz einfach, ein solches Format ins Leben zu rufen. Allerdings möchte Kimba noch etwas. Er hat sich vorgenommen, es nicht alleine zu versuchen. Darum sucht er sich einen starken Partner, der im gleichen Zielkundensegment unterwegs ist und mit dem er zusammen dieses außergewöhnliche Veranstaltungsformat umsetzen kann. Er hat da auch schon eine Idee. Einer seiner Freunde möchte im regionalen Markt unbedingt neue

Kunden gewinnen und glücklicherweise passen beide sowohl von der Harmonie als auch von der Denkweise her sehr gut zusammen.

Bei einer schönen Tasse Kaffee setzen sie sich in den Sonnenuntergang und lassen ihren kreativen Gedanken freien Lauf, was sie ihren Kunden als absoluten Mehrwert anbieten können. Denn Kimba hat noch einen wichtigen Aspekt, der ihn genau zu diesem Vorgehen treibt. Er hat so viele Kunden, dass er es zeitlich innerhalb eines Jahres nicht mehr schafft, diese in einem Jahr wenigstens einmal persönlich zu besuchen oder am Telefon zu sprechen, um die Beziehung zu festigen oder gar auszubauen. Da es schon viele Veranstaltungen gibt und er selber viele Einladungen bekommt, fragt er sich immer, warum er dahin gehen sollte. So ist ihm die Idee gekommen, ein ganz besonderes Format mit zu entwickeln, das seine Kunden so stark anspricht, ja überzeugt, damit sie unbedingt kommen möchten. Schnell haben Kimba und sein Partner mit Stift und Papier die wichtigsten Punkte skizziert. Um den Nerv der Kunden zu treffe, versetzen sich beide in die Rolle von potenziellen Kunden und stellen sich die Frage: Was würde sie ansprechen, wenn der Posteingang schon voll ist, und noch eine Einladung via E-Mail bei ihnen eintrifft?

Kimba und sein Partner fassen für sich die wichtigsten Punkte zusammen:

1. Wichtigster Punkt: Das Format muss so attraktiv sein, dass es die potenziellen Kunden anspricht, damit diese das Gefühl haben, wenn sie nicht hingehen, dann werden sie etwas verpassen. Die Location muss neugierig machen, am besten eine, in die man als normaler Gast nicht

so ohne weiteres rein kommt, also ein exklusives Haus. Bei den Teilnehmern soll sich das Gefühl einstellen, zu einem auserwählten Kreis zu gehören, gerne mit den wichtigen wirtschaftlichen Strippenziehern in der Region an einem Tisch sitzen zu dürfen. Und denen dabei zuzuhören, wie sie aus dem Nähkästchen plaudern.

2. Ein Programm, das es nicht an jeder Ecke gibt, z. B. bei dem jemand Dinge erzählt, die nirgendwo oder nur unter vor gehaltener Hand besprochen werden. Also, exklusive Informationen von Insidern, die in ihrem Fach absolute Experten sind und idealerweise solche, die nicht in den Medien sind, um billige Aufmerksamkeit zu erheischen, sondern Experten, die in ihren Branchen geachtete Persönlichkeiten geworden sind.

3. Das Format darf nicht knebeln, also darf es keine Pflichtmitgliedschaft geben. Jeder Unternehmer soll sich frei entscheiden können, welches Thema für ihn interessant ist und wann er teilnehmen möchte. Die Attraktivität der Veranstaltung selbst sorgt für den Sog der Teilnahme.

Außerdem haben sein Partner und er noch vor, den exklusiven Charakter mit überragenden kulinarischen Leckerbissen zu toppen. Dazu gehören natürlich auch edle Brände und Rauchwaren sowie ungewöhnliche Nahrungsmittel, die es nur in ausgewählten Geschäften gibt, wenn man sich denn auskennt.

Damit Kimba und sein Partner nicht alles alleine machen müssen, suchen sie noch einen Medienpartner, jemanden, der gerne in der Öffentlichkeit steht, also ein starkes Eigeninteresse daran hat, dass die Veranstaltungen gut besucht sind, um hinterher mit den Kontakten die richtigen Geschäfte zu machen. Der Medienpartner darf nicht zu aufdringlich sein, muss jedoch so gute Kontakte haben, dass alle Partner gewinnen und in der Region wahrgenommen werden.

Dann benötigt Kimba noch interessante Orte, zu denen man keinen freien Zugang hat, die wirklich exklusiv sind und die man gerne besucht, die neugierig machen. Wo es etwas zu entdecken gibt – es darf ruhig sehr ungewöhnlich sein.

Mit diesen Parametern, da ist sich Kimba sicher, hat er einen guten Mix, den die Kunden interessant finden werden. Kimba ist sichtlich mit sich und der Welt zufrieden. Versonnen schaut er in die Ferne, wo die Sonne gerade untergeht.

Sechs Monate später

Kimba hat zusammen mit seinem Freund die erste Veranstaltung gemeistert. Die anwesenden Unternehmer sind begeistert. Sie müssen diese quasi aus dem Saal fegen und stehen dann noch in kleinen Gruppen zusammen und sind so in persönliche Gespräche vertieft, dass das „Schönen guten Abend" ungehört verhallt. Es kann so einfach sein, sich als Initiator zu engagieren. Kimba ist sehr stolz auf sich, quasi aus dem Nichts, nur aus einer Idee heraus, ein Format geschaffen zu haben, dass andere Menschen buchen und dafür einen guten, akzeptablen Eintritt bezahlen. Der Moment gehört einfach nur ihm und seinem Partner. Beide setzen sich genüsslich in die Ecke und lassen den Blick über den Raum schweifen. So genießen sie ihren Triumph. Vor allem, dass die Menschen, die sie eingeladen haben, sich in den Gesprächen so wohlwollend und positiv geäußert haben. Ein wirklich schöner Start für ein neues Format.

Löwenweisheit Engagiere Dich in Netzwerken nur, wenn es auf Dein „Konto" (im Sinne von „förderlich für Dein Unternehmen und Dich als Person") einzahlt. Und baue mit dem Gelernten Dein eigenes Netzwerk auf. Denn das kann Dir niemand streitig machen. Achte drauf, dass Du die Fäden in der Hand hast. Kein anderer wird Dich dauerhaft uneigennützig unterstützen, wenn Du ein Netzwerk willst, dann schaffe Dir Dein eigenes Universum.

9
Überwinde den Zustand, allein mitten im Dschungel zu stehen

Lono

© Springer Fachmedien Wiesbaden 2016
R. Wendt et al., *Die Löwen-Liga: Stolz schafft Erfolg,*
DOI 10.1007/978-3-658-09353-2_9

Was für ein Anruf. Lono muss sich erst einmal wieder zurück auf den Boden der Tatsache holen. Klar, er wollte sich schon immer selbständig machen, aber dass das jetzt so schnell geht. Ein Bekannter, Pfau, mit dem er hin und wieder zusammen arbeitet, hat ihm angeboten, seine Werbeagentur als Nachfolger zu übernehmen. Er wolle sich auf andere Aufgaben konzentrieren. Da Lono von sich selbst weiß, dass er in der Werbung und im Verkauf richtig gut unterwegs ist, kann er sich das natürlich sehr gut vorstellen. Vor allem spart er sich den mühsamen langen Weg, alles selbst aufbauen zu müssen. Quasi auf dem Silbertablett bekommt er eine neue und vor allem unabhängige Existenz serviert. Das Leben kann so genial einfach sein.

Abends zu Hause ist das Angebot natürlich Gesprächsthema Nummer eins. Seine neue Freundin, ein lustiges weltoffenes Antilopenweibchen, fragt ihn, wie er sich das denn genau vorstelle, welche Kunden sie haben, wie es um die Finanzen aussieht. Sie selbst arbeitet beim Finanzamt.

Da Lono von der Idee so eingenommen ist, schildert er natürlich alles in den schillerndsten Farben. Dass die Werbeagentur gut laufen würde, viele gute Kunden sie hat und dass auch fünf Mitarbeiter dazu gehören, also müsse sie doch gut laufen. Auf die Fragen, warum sein Bekannter verkaufen möchte und wie hoch der Kaufpreis sei, kann Lono nicht antworten, denn das hat er noch nicht geklärt. Seine Freundin schaut ihn noch skeptischer an. Sie wolle ihm das ja nicht kaputt reden, nur eben kritisch fragen, wie denn genau sein Plan sei. Beim Finanzamt bekomme sie immer wieder mit, wie naiv einige Unternehmer seien. Die übernehmen dann Firmen mit großen Altlasten und einem überzogenen Kaufpreis, der von der Bank finanziert wird und nach einigen Monaten wundern sich dann die Jungunternehmer, dass es vorne und hinten nicht passt und sie selbst gar kein Geld verdienen, sondern nur die Schulen abbezahlen.

Vier Monate später
Lono ist seit einem Monat stolzer Besitzer der Werbeagentur. Jetzt, am Monatsende, ist es an der Zeit, die Gehälter, die Miete plus die Nebenkosten zu zahlen. Die erste Krankenkasse bucht wesentlich mehr ab, als es bei ihm im Lohnjournal steht, das er von seinem Steuerberater bekommen hat. Natürlich ruft Lono die Krankenkasse sofort an, um die viel zu hohe Abbuchung zu reklamieren. Auf die Frage, was denn hinter dieser völlig überhöhten Summe stecke, stellt sich raus, dass sein Bekannter in den letzten drei Monaten die Krankenkassenbeiträge für die Mitarbeiter nicht abgeführt hat. Das Gleiche wiederholt sich bei den Abbuchungen der Krankenkassenbeiträge für die anderen Mitarbeiter. Dann zahlt Lono pflichtbewusst, wie er ist, die Gehälter der Mitarbeiter. Und somit ist Lonos Investition, die komplette Summe des Kaufpreises, nach nur vier Wochen aufgebraucht. Ein wenig komisch kommt ihm das schon vor, hatte er doch in der Liste der offenen Posten nicht so viele unbezahlte Rechnungen gesehen. Irgendwas passt hier nicht zusammen.

Da kann etwas nicht stimmen. Gut, dass seine Buchhalterin heute ins Büro kommt. Er kann es gar nicht abwarten und dann ist sie endlich da. Lono geht sofort zu ihr und stellt direkt die Frage zu den offenen Rechnungen. Ob denn keine Mahnungen rausgehen würden, was da eigentlich los wäre. Ja, das stimmt, sagt sie, aber bei fast allen Rechnungen gibt es Reklamationen. Davon weiß Lono nichts. Das hat ihm sein Bekannter, der Verkäufer, auch nicht gesagt. Er hat ihm lediglich gezeigt, wie gut der aktuelle Auftragsbestand sei und wie hoch die Einnahmen sein würden, da ja noch so viele unbezahlte Rechnungen bei den Kunden liegen. Und Lono hat nicht auf seine Freundin gehört und alles ganz genau unter die Lupe genommen. Auch hat er den Vorschlag von ihr, mit den besten Kunden ein Gespräch zu führen, mit der Hand weggewischt. Jetzt wünscht er sich, er hätte es getan. Wenn dem so ist, fragte sich Lono, dann könnte ja doch noch mehr im Argen sein? Ein Blick auf die Verbindlichkeiten zeigt allerdings, dass zumindest hier keine ungewöhnlichen Summen an Zahlungen für Überraschungen sorgen werden.

Lono nimmt sich die Liste mit den offenen Rechnungen und geht es offensiv an. Er ruft die Kunden mit den größten Außenständen an, um sich dort vorzustellen und zu klären, wie man das künftig besser regeln könne. Zumindest sind alle Kunden bereit, sich mit ihm zu unterhalten. Das ist doch schon einmal ein gutes Zeichen. Schnell sind die Termine vereinbart.

Nach dem ersten Gespräch kommt Lono sehr niedergeschlagen zu seinem Auto. Setzt sich auf den Fahrersitz und fällt in sich zusammen. Er hat dieses erste Gespräch natürlich gleich mit dem größten Gläubiger geführt, denn er wollte die Liste von oben nach unten abarbeiten. So stellte sich heraus, dass ein Teil der Rechnungen für diesen Kunden überhöht ausgestellt war und deswegen nicht bezahlt wurde. Die noch offenen Rechnungen müssen alle korrigiert werden und dann bekommt er einen Teil davon bezahlt. Höchstens 20 Prozent, wenn er denn Glück hat. Einige Rechnungen kann er komplett stornieren, da die Arbeiten abgerechnet, aber nie fertig gestellt worden sind. Was allerdings viel schwerer wiegt: Sein Kunde, auf den er für die Werbeagentur fest gebaut hat, ist dabei, das gesamte Kontingent massiv umzuverteilen, sodass für seine Agentur nur noch ein Bruchteil der Aufträge, wenn überhaupt, übrig bleiben werden. Damit hat er nicht gerechnet.

Die nächsten drei Gespräche laufen in eine ähnliche Richtung und mit ähnlichen Ergebnissen. Am Ende steht fest: er bekommt einen Bruchteil der offenen Rechnungen bezahlt, was ihm Luft für einen Monat verschafft. Was dann kommt, ist offen. Lono hat jetzt vier bis sechs Wochen Zeit, die Agentur neu aufzustellen. Das ist verdammt kurz, zumal er wenig Erfahrung mit solchen Prozessen hat. Außerdem hasst er es, dass seine Freundin mal wieder Recht behalten würde. Wie kann eine Antilope schlauer sein als der König der Löwen? Das kann doch nicht sein. Und genau das ist jetzt eingetreten. Lono muss den Karren aus dem Dreck ziehen und die Werbeagentur komplett neu ausrichten. So hatte er sich das nicht vorgestellt.

Lono hat sich nach diesen bösen Erfahrungen vorgenommen, jeden Vertrag, und sei er noch so lang, gründlich durchzulesen. Und wenn dieser Klauseln enthält, die er nicht versteht, dann müssen die entweder geändert werden, oder, wenn das nicht geht, dann wird dieser Vertrag nicht unterschrieben. Außerdem wird er seine Euphorie nutzen, um neue Geschäfte aufzubauen, aber beim Kauf von wichtigen und vor allem kostenintensiven Gütern oder Dienstleistungen wird er sich die Zeit nehmen, genauer hinzusehen und das Angebot eingehend zu prüfen. Denn solch ein Erlebnis möchte er nicht noch einmal haben.

Was nimmst Du Dir vor, genauer zu prüfen, bevor Du Dich verirrst?

Oft gehen wir, auf Grund von Vertrauensvorschüssen oder aufgrund der Situation, etwas unbedingt haben zu wollen, vertragliche Situationen ein, die uns nicht gut tun. Von daher ist es enorm wichtig, dass wir uns alle vertraglichen Aspekte und seien es noch so lange Allgemeine Geschäftsbedingungen bis zum letzten Satz durchlesen. Sollten wir auch nur einen Passus nicht gut finden oder dieser gegen unsere Erfahrungen oder unser gutes Gefühl verstoßen, dann niemals den Vertrag unterschreiben. Wie viele waren hinterher schlauer und haben sich gesagt: „Ich hatte dabei ein schlechtes Gefühl. Hätte ich bloß darauf gehört."

Kimba

Kimba hat einen Plan. Er möchte gerne seine eigene Marketingagentur gründen. Seine Talente kommen in seiner Position als Angestellter nicht genügend zur Geltung. Auch möchte er am Ende seines Lebens auf etwas selbst Geschaffenes zurückblicken, das nur er selbst aus der Taufe gehoben hat, und sich nicht Vorwürfe machen müssen, dass er nicht alle Chancen und Möglichkeiten, die ihm das Leben geboten hat, ausprobiert hat. Und da fehlt ihm in all seinem Streben, in der bisherigen Karriere die Erfahrung als selbständiger Unternehmer. Darum hat er sich jetzt für diesen neuen Weg entschieden. Da er nicht naiv ist und schon viele Unternehmen kennenlernen durfte, weiß er, dass eine gute Vorbereitung das Fundament jedes Unternehmens darstellt.

Darum nimmt er sich ein paar Tage Auszeit, fährt erst einmal schön an den Ozean und lässt sich den atlantischen Wind durch die Haare blasen. Zuerst macht er sich Gedanken darüber, welche Leistungen er anbieten kann, ohne fremde Unterstützung in Anspruch zu nehmen. Denn auf die eigenen Leistungen hat er sofortigen Einfluss, kann die Konditionen und vor allem die Prozesse ändern und optimieren. In einem zweiten Schritt kalkuliert er die Leistungen, die er idealerweise sehr gerne seinen Kunden anbieten möchte, und überlegt, welche Summen sie bereit wären, zu zahlen, welche Unterstützung sinnvoll ist und vor allem, wo er diese Dienstleistung zu einer exzellenten Qualität günstig einkaufen kann, sodass er eine möglichst hohe Gewinnmarge hat. Dann definiert Kimba, was er gerne im Monat und im Jahr verdienen möchte. Jetzt kann er den groben Leistungsrahmen konkret definieren, denn die wesentlichsten Parameter stehen. Da er, wie viele andere Tiere auch, sehr visuell veranlagt ist, stellt er sich in die gleißende Sonne an dem wundervoll leeren Strand und zeichnet sich dazu ein glasklares Bild, wie seine Marketingagentur aussehen wird. Parallel macht er sich eine Liste mit ganz konkreten Namen der Kunden, die er gerne in seinem Portfolio hätte. Kimba hat Freude daran, sich so intensiv vorzubereiten.

Soweit die Theorie. Kimba weiß auch, dass es sehr gut ist, neue Unternehmenskonzepte bis ins Detail zu durchdenken, nur, ob sich das dann in der Praxis umsetzen lässt, das steht oftmals auf einem ganz anderen Blatt. Er hat selbst schon einige Unternehmen kennengelernt, die erstklassige Produkte oder Dienstleistungen hatten und es dann doch nicht geschafft haben, diese am Markt zu verkaufen. Entweder waren sie mit ihren Ideen einfach zu früh auf den Markt gekommen oder die Kunden haben es noch nicht verstanden, warum sie diese Produkte und Dienstleistungen einsetzen sollten oder es gab dafür einfach keinen Markt. Keiner wollte die Produkte oder Dienstleistungen haben.

Genau diesen Fehler will Kimba nicht machen. Da er selbst einige Unternehmer kennt, lädt er diese einzeln zu einem Mittagessen ein und stellt ihnen das Konzept seiner Marketingagentur vor. Die Gespräche laufen stets inhaltlich sehr unterschiedlich, denn jeder hat einen anderen Blickwinkel auf Marketingleistungen. Von den meisten, die ihn schon länger gut kennen, bekommt Kimba sehr gute Tipps und ganz konkrete Hinweise, was er noch wie verändern muss, damit ein Unternehmer ihn engagieren würde. So bietet ihm ein seit mehreren Jahren befreundeter Unternehmer einen Test an. „Ich besorge Dir einen Termin mit meinem Marketingleiter. Dem stellst Du Dein Konzept vor und dann sehen wir, wo Du noch stärker werden musst oder was besonders gut ankommt." – Das ist ein genialer Vorschlag, der schon selten ist, weil wenige sich trauen so vorzugehen, wie es Kimba in seinem Fall getan hat. Wir müssen nicht alles selbst lösen und uns im stillen Kämmerlein die tollsten Welten ausdenken, die dann in der Realität wieder aufwändig korrigiert werden müssen. Einfach einmal die eigene Eitelkeit außen vor lassen. Natürlich bekommt Kimba bei so viel Vitamin B den Termin beim Marketingleiter. Er ist gut vorbereitet und stellt sein Konzept voller Energie und mit den möglichen Ergebnissen vor. Natürlich arbeitet das Unternehmen schon mit einer Agentur zusammen. Das ist jetzt für Kimba wirklich keine Überraschung, im Gegenteil, damit hat er gerechnet. Denn nur Unternehmen, die schon mit anderen Dienstleistern zusammen arbeiten, wissen, dass Marketing Geld kostet, haben bereits Budgets und arbeiten somit professionell. Da er sich vorbereitet hat, weiß er, dass das Unternehmen im Bereich Social Media bisher schwach aufgestellt ist. Er hat sich schon einige Fragen zurecht gelegt, die er gerne beantwortet haben möchte. So gelingt es ihm, dem Marketingleiter ein Testprojekt im Bereich Social Media schmackhaft zu machen. Denn glücklicherweise steht der Relaunch eines neuen Produktes an und es soll auf anderen Kanälen beworben wie es bisher der Fall gewesen ist. Wieder draußen, vor dem Firmengebäude, ist Kimba so voller Freude und Stolz über sein gelungenes Gespräch, dass er einen großen Sprung macht und mit den Pfoten das Gefühl hat, er könnte die Wolken vom Himmel holen. Sein Gang ist majestätisch und er hat das Gefühl, dass es keine Aufgabe gibt, die er nicht lösen könnte. Er könnte glatt die ganze Welt umarmen.

Er ist sich sicher, dass genau drei Dinge, den Unterschied ausgemacht haben, dass er gleich bei seinem ersten Gespräch Erfolg hatte und sich nicht hat beirren lassen von großen Versprechungen oder architektonischen Eindrücken, die manche Gebäudekomplexe von Firmen bewusst ausstrahlen:

1. Er hat sich intensiv vorbereitet und sich die Zeit genommen, die möglichen Schwachpunkte des Unternehmens herauszuarbeiten. Im Gespräch hat sich dann seine Vermutung verstärkt, sodass er seinen Lösungsansatz sehr gut ausspielen konnte.
2. Das Ziel stand für ihn im Vorfeld fest. Er wusste ganz genau, mit welchem Ergebnis er aus dem Gespräch ge-

hen wollte. Und das war ein Auftrag. Nicht mehr, aber auch nicht weniger. Darauf hatte er sich vorbereitet und dementsprechend im Gespräch auch die richtigen Fragen gestellt.

3. Durch das Vorgespräch mit seinem Freund hatte er Schützenhilfe. In diesem Fall ein idealer Zufall, aber klar ist es, dass es sich auszahlt, sein eigenes Netzwerk zu pflegen und kontinuierlich zu erweitern. Und er hat sich nicht von der jahrelangen Erfahrung und der Position seines Gesprächspartners beeindrucken lassen, denn er weiß ganz genau, was er kann.

Er ist sich sicher, dass, wenn er so konzentriert und konsequent vorgeht und sich bei jedem Kunden so intensiv vorbereitet, er mit der Agentur von Beginn an Erfolg haben wird. Diesen ersten Auftrag kann er bequem neben seinem jetzigen Angestellten-Job erledigen. Was für eine luxuriöse Ausgangssituation.

Weitere Gespräche mit potenziellen Kunden folgen. Und bei jedem lernt er neue Aspekte hinzu. Sein Problem ist, dass er muss sich jetzt schneller selbständig machen muss, denn aus 80 Prozent der Gespräche folgen Aufträge und die kann er nicht mehr neben seinem jetzigen Job erledigen. Er benötigt ein professionelles Umfeld.

Sein Unternehmenskonzept bekommt jetzt den letzten Feinschliff. Er weiß, wo und wie er bei den Kunden genau ins Schwarze trifft und welche Fragen wichtig sind, um die Gespräche so vorzubereiten, damit die Kunden ihm schnell vertrauen und im besten Fall auch gleich einen Auftrag erteilen. Dann nimmt sich Kimba die Ergebnisse und baut sich sein Marketingkonzept zusammen. Und den Firmennamen entwickelt er ganz zum Schluss, denn der bringt all die wichtigen Punkte auf einen zentralen Nenner. Er legt sich seine Top-Kundenliste hin und fängt an, diese Schritt für Schritt durchzuarbeiten. Er weiß jetzt, was bei seinen Kunden ankommt, wo ihnen der Schuh drückt und muss somit nicht rätseln und teures Geld investieren, um eigene Strategien auszuprobieren, die dann keine Ergebnisse liefern. Was für ein Vorteil. Das lässt Kimba natürlich wesentlich ruhiger schlafen. Er kann seine Marketingagentur Stein für Stein aufbauen und das tut gut. Das Risiko ist überschaubar.

Kimba ist mit sich sehr zufrieden. In vier Monaten ist es ihm gelungen, seine eigene Agentur zu gründen. Er hat es sogar geschafft, von seinem Arbeitgeber einen Auftrag zu erhalten, als Abschiedsgeschenk. Das hilft natürlich beim Start in die eigene Selbständigkeit sehr. Mit so viel Unterstützung hatte Kimba nicht gerechnet. Es hat sich ausgezahlt, sich so gut vorzubereiten.

Löwenweisheit Dein eigenes Konzept passt am besten zu Dir. Nimm Dir die Zeit, Dich intensiv vorzubereiten, frage Freunde und bitte diese kritisch zu sein. Frage Berater, denen du vertraust und die selbst sehr viel Erfahrung in dem Bereich haben. Nutze Dein Netzwerk, das Du bisher in Deinem Leben aufgebaut hast. Konzentriere Dich auf Deine Stärken und suche Dir Partner, die Du benötigst, um Dinge zu kompensieren, die Du nicht so gut kannst. Lass Dich auf Deinem Weg, wenn er auch durch einen Dschungel führt, nicht irritieren.

10
Der rote Teppich ist Dein Territorium?

Lono

Lono ist sich zu 100 Prozent sicher. Er wird auf der großen Bühne die Menschen begeistern. Seine Eltern meinen immer, er solle bescheidener sein, sich nicht immer so weit aus dem Fenster lehnen, denn oft hat er einfach versagt. Sich viel vorgenommen und dann haben sich die Menschen einfach von ihm abgewendet. Lono aber hasst es, seinen Horizont einzugrenzen. Er will einfach in die Welt rausgehen und spielen. Und wenn etwas nicht klappt, nun ja, dann ist das eben so und man muss es korrigieren, so wie er es seit jeher macht – lernen durch Schmerzen. Außerdem möchte er sich selbst und seinen Eltern zeigen, dass er es drauf hat, auf einer Bühne zu stehen und die Menschen vor ihm zum Nachdenken, zum Klatschen oder zum Lachen zu bringen. Schon als Jugendlicher zog es ihn als DJ hinter die Mischpulte dieser Welt. Er legte Musik auf, brachte meistens Menschen, die er nicht kannte, zum Tanzen, zum Verlieben, zum „Die-Nacht-Durchmachen". Daran hatte er immer große Freude, auch wenn es ihm nicht jedes Mal gelang. Natürlich war er zu keiner Zeit auf diese Auftritte besonders vorbereitet. Er hatte immer nach reinem Bauchgefühl gehandelt. Sich auf die Stimmung eingelassen und einfach gemacht, was er für richtig gehalten hatte. Und dabei spielte es keine Rolle, ob er spontan Boxwettkämpfe moderierte, weil der gebuchte Moderator plötzlich nicht gekommen war. Oder ob es Modenschauen waren, die er moderierte, weil sie glatt vergessen hatten, jemanden zu engagieren, der die Models und die Kleidungen, die sie trugen, vorstellte. Oder ob er Künstler interviewte. Stets war er so gut es geht bei der Sache und konnte spontan seine Stimme, sein Talent und seinen Hang zur Sprache einsetzen. Mit dieser Leichtigkeit gewann er hin und wieder die Herzen der Zuhörer, denn es wirkte, wie es war, improvisiert. Dabei ist ihm vieles auch nicht geglückt. Wenn er nur daran denkt, als er im Überschwang der Stimmung mit der Hand auf den Verstärker gehauen hat. Leider war der da schon so stark erhitzt, dass die Transistoren in dem Moment ihren Dienst versagten. Und es kam, wie es kommen musste, die Boxen gaben keinen einzigen Laut mehr und die Party mit den über 100 Gästen war abrupt zu Ende.

Das alles ist allerdings schon viele Jahre her. Trotzdem steht bei Lono zu Hause noch immer eine Musikanlage mit genügend Lautsprechern und einer großen Auswahl an Musik, mit der er jederzeit eine gute Party steigen lassen kann.

Heute ist Lono zu einer Hochzeit eingeladen. Sein Arbeitskollege heiratet eine der schönsten Leopardinnen diesseits des Äquators. Nach der offiziellen Trauung steigt dann abends die Party in einem abgelegenen Cottage, nahe einer wunderschönen Oase. Das Besondere an dieser Location sind die palmengesäumten Strände. Deswegen ist das Cottage, in der für Hochzeiten besten Saison von Mai bis September, mehr als ausgebucht.

Heute Abend hat die Hochzeitsgesellschaft den Strand ganz für sich allein. Lono hat sich gleich zu Beginn mit einigen der schönen bunten Cocktails eingedeckt. Und er merkt schon, so ganz viele benötigt er heute nicht. Anscheinend geizt der Barkeeper nicht mit dem Alkoholanteil. Nach dem Essen soll die Party steigen. Aber es herrscht Stille. Lono merkt, wie der Bräutigam unruhig über den Strand tigert. Plötzlich steht er neben Lono. „Sag mal, Du hast doch zu Hause eine Musikanlage. Kannst Du die nicht holen und hier etwas Musik machen?" „Klar", sagt Lono „es müsste mich nur jemand fahren, da ich schon ein paar Cocktails hatte." Kein Problem. Eines der Catering-Kängurus hat seinen Transporter direkt vorm Eingang geparkt und schon geht es los. Die Kabel und die einzelnen Teile der Musikanlage sind in Lonos Höhle schnell zusammen gepackt und in Kisten verstaut. Dann geht es zügig zurück, schließlich warten die Partygäste voller Ungeduld.

Die Tische werden in der Zwischenzeit schon einmal zusammengestellt. Schnell hat Lono die Stecker in den richtigen Buchsen fixiert. Er schaut seine Musik durch und dann kann es losgehen. Natürlich kommt zuerst das Brautpaar auf die Strandbühne. Lono ist voll in seinem Element, steigt auf eine der Boxen, das Mikrofon in der Hand, und kündigt vollmundig den ersten Hochzeitseröffnungstanz an. Die Musik wird lauter und lauter, das Brautpaar wirbelt um die eigene Achse. Der Bräutigam zeigt, dass er in den letzten Wochen klammheimlich an der besten Tanzschule geübt hat und schmeißt seine Leopardin von einer gewagten akrobatischen Einlage zur nächsten. Die Gäste stehen auf, bejubeln die Tanzenden und klatschen, als wollten sie damit einen Hurrikan auslösen. Das Brautpaar löst sich und nach und nach füllt sich die Tanzfläche. Denn alle wollen endlich die Fleischklößchen der Hochzeitssuppe abtanzen. Sehr schnell ist es voll, die Gäste fühlen sich wohl und Lono fährt die Anlage auf maximale Belastbarkeit. Die Stimmung steigt. Beim Brautpaar verziehen sich die grauen Sorgenwolken und das Strahlen kehrt zurück. Doch plötzlich, aus dem nichts: Stille. Aus den Boxen kommt kein Ton mehr.

Lono spürt, wie ihm die Schweißperlen in einem großen Bach den Rücken herunterfließen, die Stirn glüht und die Augen muss er sich trocken reiben, um zu sehen, was passiert ist. Getrunken hat Lono in der Zwischenzeit nur Wasser, dennoch hat er das Gefühl, als ziehe ihm jemand der Boden unter den Füßen weg. Alle Blicke sind auf ihn gerichtet. Alle Erwartungen, besonders die Hoffnung des Brautpaares, stehen direkt vor ihm und blicken ihn hoffnungsvoll an. Aber er kann nichts machen. Den Lautstärkeregler regelt er runter, leise fängt die Musik wieder an zu spielen. Doch als er sich der halben möglichen maximalen Lautstärke nähert, verstummt die Anlage plötzlich wieder. Kein Ton. Und Lono steht als Versager in der Mitte der hoffnungsvollen Hochzeitsgesellschaft.

Er war sich so sicher, dass er es noch drauf hat, dass er es noch kann. Er, der ein Macher auf der Bühne ist und den Laden jederzeit rocken kann. Jetzt steht er da, die komplette Partystimmung im Keller. Und dass auf einer Hochzeit und vor vielen seiner Geschäftspartner. Lono hat das Gefühl, dass er zu einem glühenden Stab geworden ist und ihm jeder ansieht, wie peinlich ihm das ist. Was für ein Desaster, auch wenn er eingesprungen war, das Hochzeitspaar hatte sich auf ihn verlassen.

Lono schwört sich, er wird künftig nur die Jobs annehmen, von denen er weiß, dass er sie beherrscht, dass er darin geübt ist und bei denen er sich zu 100 Prozent auf das Equipment verlassen kann. Etwas mal eben so zu machen, das geht einfach nicht. Die Anforderungen verändern sich und die Dinge, die wir als junge Löwen ohne Probleme gemeistert haben, werden mit dem zunehmenden Alter etwas schwieriger. Nicht umsonst üben viele für ihre Profession, um einfach in dem Moment, wo es darauf ankommt, richtig gut zu sein. Hätte Lono einen seiner ehemaligen Kollegen angerufen, die immer noch Hochzeiten als DJs begleiten, wäre ihm der Heldenstatus sicher gewesen, so bleibt ihm nur traurig seine Sachen zusammen zu packen und gesenkten Hauptes von dannen zu ziehen.

Wie kannst Du sicherstellen, dass Du Dich nicht maßlos überschätzt?

Das geht nur durch Übung. Und wenn wir in der Jugend oder zu einem anderen Zeitpunkt, etwas richtig gut konnten und es uns am Herzen liegt, dann sollten wir dieses Talent nicht verstauben lassen. Es sind oft verschwendete Ressourcen, wenn wir Talente, die wir haben, nicht weiter entwickeln. Stelle Dich nur nach vorne, wenn Du absolut sicher bist, dass Du es packst.

Kimba

Kimbas Atem geht flach. Seine Pfoten sind zu Eisklötzen erstarrt. Zum zehnten Mal schaut er in den Spiegel. Ja, der Anzug sitzt. Der Reißverschluss an seiner Hose ist geschlossen, da wo er geschlossen sein sollte. Die Haare liegen auch. Seinen Text, den hat er parat. Das Headset hat er kurz mit dem Techniker getestet und der weiß hoffentlich noch, dass er auf der „Vier" liegt. Da draußen sitzen viele seiner Kunden und wie auch immer, er muss seinen Vortrag überzeugend, nachdenklich und mit Begeisterung rüber bringen. Nicht mehr und nicht weniger.

In den letzten Wochen wurde sein Wohnzimmer zur Showbühne. Die Kamera zeichnete jede Woche mehrmals seinen Vortrag auf, sodass er an den Details arbeiten konnte. Er spielte mit den Worten, setzte Akzente dort, wo sie hingehören und probte Gesten, die zu seinen Inhalten passen. An dem Konzept feilt er mehr als sieben Monate, nicht jeden Tag, aber immer wieder. Manchmal ist er sich nicht ganz sicher, wie viel er von sich persönlich Preis geben darf? Was wird die Menschen faszinieren, ansprechen, berühren? In der Theorie ist das alles relativ einfach. Nur vor einem großen Publikum, da siehst Du sofort, wer sich langweilt, wer mit seinem Handy beschäftigt ist, wer gähnt oder wer sich zu seinem Nachbarn neigt, um ihm seine Meinung zuzuflüstern. Alles Handlungen, die einen Redner, der noch nicht die Routine hat, sehr schnell aus dem Konzept bringen können. Umso wichtiger ist es Kimba, dass er übt und übt. Seine Kollegen, die ebenfalls auf der Bühne stehen, sind Profis. Die machen das bis zu fünfzigmal im Jahr. Und jeder, der jeden Tag übt, weiß, dass Du nur besser werden kannst, wenn Du jeden Tag übst.

Kimba möchte auf die große Bühne. Die Blumensträuße müssen ihm nicht zufliegen, aber sein Ziel ist es, dass jeder, der seinen Vortrag hört, etwas für sich mitnimmt. Im Idealfall sind die Zuhörer im Herzen berührt und nehmen dieses Gefühl mit nach Hause. Sein innerlichstes Ziel ist es, sie verändern ihren täglichen Blickwinkel in kleinen Nuancen, um sich selber besser wahrzunehmen, ihre Erfolge als Bestätigung zu sehen und sich so selbstbewusster in ihrer beruflichen und privaten Umgebung zu bewegen.

Das sind sehr hohe Ansprüche, dessen ist Kimba sich klar. Und damit nicht genug. Bei vielen Vorträgen vermisst Kimba etwas Konkretes, etwas Praktisches für den Zuhörer, sodass dieser das im Alltag umsetzen bzw. anwenden kann. Damit das bei ihm anders ist, hat er sich für den Auftritt eine goldene Kiste gebaut, die „Schatztruhe der Herkunft." Aus ihr zieht er je nach Inhalt seines Vortrages, Urkunden, Medaillen und Bilder von ganz besonderen Lebensmomenten. Kimba verknüpft Leistungen oder Lebensmomente in dem Moment mit Problemen aus dem jetzigen Alltag und animiert seine Zuhörer, sich dessen bewusst zu werden, was sie schon geschafft haben, und diese positive Energie dazu zu verwenden, die aktuellen Probleme aus einem anderen Blickwinkel zu sehen. Seine Idee ist, dass er jeden der Zuhörer dazu bewegen möchte, sich seine eigene Schatztruhe als Beweis des bereits erreichten entweder im Arbeitsbereich oder im Privaten, bewusst zu werden oder physisch dafür einen Platz einzuräumen. Denn Kimba ist sich sicher, dass bei jedem Schätze aus dem Leben schlummern, denen man sich gar nicht bewusst ist. In einem Gespräch hat er von einem Kunden gehört, dass sich dieser in einem neuen Geschäftsbereich selbständig machen wollte. Daraufhin hat Kimba neugierig nachgefragt, warum er denn der Meinung sei, dass ausgerechnet er in diesem Geschäftsbereich Erfolg haben würde. Der Kunde erzählte ihm, dass er das gelernt habe und ihm die Tätigkeit Freude bereiten würde. Das war Kimba, der sich in der Marketingdarstellung bestens auskennt, nicht genug, also bohrte er nach. Nach einigen Fragen kam dann heraus, dass ein Kunde während der Ausbildung genau in dem Bereich „Service", den er ja voran treiben will, Deutscher Meister geworden ist. Und das verblüffende war: Selbst seinem Kunden war das nicht mehr präsent. Was für eine Reputation. Denn wenn Du in einem Bereich neu anfängst, fragt sich jeder im Unterbewusstsein, warum er mit Dir arbeiten soll bzw. was Dich dazu berechtigt, dass Du jetzt in diesem Bereich die Reputation hast, genau das machen zu dürfen. Und Kimba ist sich sicher, dass bei fast jedem solche „Goldbarren" versteckt sind, die den beruflichen Alltag wesentlich leichter machen.

Kimba sind drei Dinge dabei besonders wichtig, um auf dem „roten Teppich" nicht zu stolpern:

1. Nutze die Kraft Deiner bisher erreichten Erfolge ganz bewusst, um die aktuellen Probleme zu lösen. Dazu ist es wichtig, dass Du Deine größten Erfolge für Dich sichtbar parat hast, um immer wieder mit den eigenen Augen zu sehen, was Du wie einmal erreicht hast. Das schafft unbändigen Mut und setzt Energien frei, die Du genau jetzt benötigst.
2. Weise die aktuelle Unsicherheit und die Angst in die Schranken, denn was Du bisher geschafft hast, ist oft um ein vielfaches schwieriger gewesen als das, was Du aktuell lösen musst. Selbst wenn dem nicht so ist, gab es sicherlich schon ähnliche Situationen, aus denen Du Dir Kraft schöpfen kannst.
3. Mache Deine Erfolge haptisch und plastisch sichtbar. Was hast Du in Deinem Leben schon alles erreicht? Welche Urkunden, Pokalen, Bilder, Andenken, … was auch immer, hast Du gesammelt und auf dem Dachboden oder im Keller aufbewahrt?

Welche Geschichten von Mut, herausragenden Leistungen und von Visionen die Wirklichkeit wurden, liegen bei Dir unter einer großen Staubschicht des Vergessens begraben? Baue Dir Deine eigene „Schatztruhe der Herkunft." Denn diese sagt Dir: „Das kannst Du. Schau hier her, Du hast es schon zigmal bewiesen." Diese einfachen Dinge sind es, die uns unter anderem im Alltag stark machen. Für Kimba ist es wichtig, dies als praktische Lösung aus seinem Vortrag mitgeben zu können.

Zurück zum Auftritt. Die Gedanken in Kimbas Kopf verstummen. Die Ansagerin nennt laut und deutlich seinen Namen und sein Thema. Die Scheinwerfer begrüßen Kimba und hüllen die Bühne in gleißendes Licht. Kimba geht sicheren Schrittes auf das Kreuz, dass sie bei der Probe auf den Boden gesetzt haben, lässt bewusst einige Sekunden der Stille verrinnen und setzt dann mit einer kräftigen Stimme zu seinen ersten Worten an. Ein Bild strahlt auf der großen Leinwand und er beginnt seinen emotionalen Vortrag, wie er es trainiert hat. Er bezieht das Publikum aktiv mit ein. So legt er einem seiner guten Kunden, der mittlerweile ein Freund geworden ist und in der ersten Reihe sitzt, den Fanschal des örtlichen Fußballclubs um, in Erinnerung an ein hoch emotionales Spiel, das beide gemeinsam genossen haben. Kimba scheut sich nicht, sehr persönlich zu werden und schafft es, die Menschen im Herzen zu berühren. Das sieht er sofort in den Gesichtern. Wie auf Wolken schwebt Kimba durch seinen Vortrag. Der Applaus reißt ihn dann wieder zurück in die Gegenwart. Er hat gar nicht mitbekommen, dass er schon am Ende angelangt ist.

Sein erster großer Vortrag, vor einem Publikum. Die meisten kennen ihn, kommen nach der Veranstaltung auf ihn zu, um ihn zu beglückwünschen. Und ja, es hat sich gelohnt, diesen schweren und dennoch atemberaubenden Weg zu gehen. Kimba ist stolz auf sich und er fühlt sich löwenstark. Vor Erleichterung und Freude reißt er die Arme nach oben und spürt wie die Belastung von ihm fällt und zugleich Platz macht für eine Sucht, die Sucht nach weiteren Auftritten, in denen die Menschen ihm zujubeln.

Löwenweisheit Keine Angst vor großen Bühnen. Wage den Schritt hinaus in das Scheinwerferlicht. Denn Du kannst nur beurteilen, ob und in welcher Form Dir die große oder kleine Bühne zusagt, wenn Du es einmal ausprobiert hast. Lade dazu, wenn Du Dir ganz unsicher bist, ein Publikum ein, das Dich mag und wähle die kritischen Stimmen gezielt und mit Bedacht aus. Am besten solche, die so konstruktiv sind, dass es Dich nach Deinem Auftritt auch ganz sicher weiterbringen wird. Habe einfach den Mut, diesen Schritt zu machen. Wer weiß, welches Talent in Dir schlummert. Nachher bekommst Du dazu noch richtig Lust und erkennst eine völlig neue Gabe an Dir – nämlich Menschengruppen leicht für das, was Du tust, zu begeistern.

11

Der Mut, zur eigenen Angst zu stehen, hält Dich in der Balance!

Lono

© Springer Fachmedien Wiesbaden 2016
R. Wendt et al., *Die Löwen-Liga: Stolz schafft Erfolg*,
DOI 10.1007/978-3-658-09353-2_11

Lono hat die Nase gestrichen voll. Seine beiden Kollegen liegen einfach nicht auf einer Wellenlänge mit ihm. Jeden Tag streiten sie so laut, dass es jeder Mitarbeiter hört. Er hat, so zumindest seine Meinung, zigmal versucht, einen gemeinsamen Weg zu finden. Ein Meeting folgte dem nächsten. Wöchentliche Zusammenkünfte und monatliche Strategiebesprechungen, und dennoch gelang es Lono nicht, sie mit auf seine Reise zu nehmen. Jetzt ist der Punkt gekommen auszusteigen, doch was soll er stattdessen tun? Jeden Tag genau dasselbe zu tun wie bisher, macht keinen Sinn. Er braucht erst einmal etwas Abstand. Was kann Lono mit seinen Talenten noch machen? Er könnte Menschen etwas beibringen. Das ist ihm bisher immer leicht gefallen. Da hat er sein Talent schon erkannt. Schon während seines Studiums konnte er anderen Studierenden Inhalte einfach und verständlich vermitteln. Außerdem hat er einen großen Wissensschatz im Bereich Verkauf. Diese beiden Talente lassen sich doch sicherlich ideal miteinander verknüpfen.

Zwei Wochen später steht das Grundgerüst für seinen neuen Job und die ersten Kunden sind auch schon begeistert. Gleich im ersten Monat geht Lonos Konzept auf. Monat für Monat gelingt es ihm besser und besser, die Kunden zu erreichen, sodass die mehr und mehr Trainings bei ihm buchen. In den Sommermonaten und während des Jahreswechsels bucht ihn keiner, dafür gibt es Monate, in denen er sehr schwer zum Durchatmen kommt, so viel hat er jeden Tag zu tun.

Nach 24 Monaten hat Lono das Glück bei der Löwenmähne gepackt und nimmt an einem Weiterbildungsprogramm zu extrem günstigen Konditionen teil, da er sehr früh gebucht hat. Er lernt viele andere Trainer und Redner kennen, die die gleichen Fragen zu ihrer Zukunft haben. Gemeinsam wird sich über Inhalte und Formate ausgetauscht, soweit es die Offenheit zulässt. Der Personenkult unter den Trainern ist schon recht groß. Das hatte Lono so noch nicht wahrgenommen. Es müssen immer überzeugende und vor allem große Bühnenbilder mit Headset sein, große Gesten gemacht werden, eine erstklassige Garderobe, die zum jeweiligen Charakter passt oder diesen aus der Allgemeinheit hervorstechen lässt und hin und wieder auch maßgeschneiderte Schuhe, natürlich in extremen Farben und Formen. Jeden, den er kennen lernt, ist extrem erfolgreich. Jeder hat neue Formate am Start, macht Ausbildungen für Kollegen, schreibt Bücher, mischt bei eigenen Veranstaltungen oder Fernsehshows mit, und fast alle arbeiten für die großen deutschen DAX-Konzerne. Lono findet diese Branche interessant und ist auf der Suche nach seinem Platz. Er möchte vor allem für sich in der Weiterbildung herausfinden, was er in seinen Formaten noch besser machen kann bzw. seinen eigenen, unverwechselbaren Stil finden.

Eines Tages hat er das Glück, an einem Workshop teilzunehmen, bei dem es um das Geschäftsmodell als Vortragsredner geht. Wie es gelingen kann, auf lange Sicht einen stabilen Umsatz zu generieren. Für Lono als Trainer ist das Geschäftsmodell derzeit sehr interessant. Darum sitzt er voller Neugier in dieser kleinen Runde, in der hinter die Kulissen geblickt wird.

An diesem Tag hört er zwischen den Zeilen heraus, was selbst die großen und bekannten Vortragsredner und Autoren von Fachbüchern für ein Marketingrad drehen müssen, um jedes Jahr den Kalender mit Aufträgen gefüllt zu haben. Wie viele Newsletter rausgehen, wie viele Veranstalter kontaktet werden und was man für Bücher schreiben muss, um permanent im Gespräch zu bleiben. Das macht ihn sehr nachdenklich. Denn er stellt sich gerade vor, wie er mit grauer Mähne nach wie vor in Hotels mit harten Betten unterwegs ist, seine Koffer von Bahnsteig zu Bahnsteig oder vom Check-in zu Check-in schleppt und die Frühstücksbuffets auf und ab tigert, um gesunde Nahrung zu finden. Denn außerhalb der Bühne ist jeder Trainer und Redner auf sein eigenes organisatorisches Geschick angewiesen. Natürlich haben die erfolgreichen ein starkes und großes Team um sich herum, dennoch: unterwegs muss jeder seine Aufgaben alleine lösen. Ein Gedanke, den Lono nicht wirklich attraktiv findet.

Zwei Wochen später hat er einen weiteren Workshop bei einem Unternehmer in Österreich. Dem gehören mehrere Firmen, mit über 500 Angestellten. Und der ist zehn Jahre jünger als Lono. Im Gespräch wird recht schnell klar, wie er es gemacht hat. Sein Geschäftsmodell ist nach folgenden Schritten aufgebaut: Zunächst stößt er eine neue Firma an, gibt die Struktur vor und baut die Prozesse auf. Dann stellt er jeweils Geschäftsführer für diese Einheit ein, die auf die Inhalte des Unternehmens ausgebildet sind, begleitet und führt diese dann nur noch. Dann wendet er sich einem neuen Projekt zu. So hat er mittlerweile fünf Firmen und vor allem Zeit, sich um neue strategische Firmengründungen oder Zukäufe zu kümmern. Eine Grundsäule dabei ist, dass alle Firmen in einem ähnlichen Kundensegment arbeiten, sodass diese Unternehmen verschiedene Dienstleistungen anbieten können, die einander ergänzen, sich aber untereinander keine Konkurrenz machen. Das ist ideal, um regional ganze Marktsegmente zu besetzen. Sehr clever.

An den sonnigen Tagen findet man den Unternehmer dann nachmittags auf dem Golfplatz. So kann er sich den Tag frei gestalten und hat durch die unterschiedlichen Branchenfelder seiner Firmen, einen Grad der Unabhängigkeit erreicht, der ihn frei agieren lässt. Lono ist beeindruckt und zugleich ernüchtert. Das Geschäftsmodell in dem er unterwegs ist, hat nicht nur saisonale Schwächen, sondern lässt sich weder multiplizieren, noch, mit einem guten Ertrag als Altersvorsorge aufbauen. Da es immer von ihn als Person abhängig ist. Was kann er tun, damit er und seine Familie im Alter abgesichert sind? Lono merkt, wie ihn lähmende Angst schlaflose Nächte bereitet, dabei bräuchte er die Energie so dringend, um über neue Optionen für sein Leben nachzudenken.

Wie möchtest Du Deinen Lebensabend gestalten? Mit welchem Einkommen Dein Rentendasein absichern?
Lono ist seinen Talenten gefolgt, was zunächst einmal richtig ist. Jedoch ist ein Geschäftskonzept nur dann effektiv und unabhängig, wenn es auch ohne den Initiator funktioniert. In vielen Bereichen machen wir uns keine Gedanken, wie es laufen wird. Darum ist es wichtig, sich gleich zu Beginn einen Sparringspartner zu suchen, zu definieren, was für ein Ergebnis als Unternehmer gewünscht ist, welches Aspekte wichtig sind, ob Einkommen, zeitliche Freiheit, der Verkauf zu einem bestimmten Zeitpunkt oder andere Parameter – das sieht jeder anders. Darauf kann man dann das gesamte Konzept abstimmen. Das gilt auch für jeden, der sich eine Daueranstellung als Lebensziel gesucht hat.

Was kommt nach der Zeit, wenn man aus dem Berufsleben ausscheidet? Wie möchte ich dann meinen Alltag so füllen, dass ich zufrieden bin? Eventuell schlummern auch hier noch unentdeckte Ressourcen, die nur darauf warten, gehoben zu werden.

Kimba

Kimba hat keine Lust mehr, montags mit Bauchschmerzen aufzustehen. Wenn er schon daran denkt, dass er diese Woche über 10 Mal vor Gruppen stehen wird, um Impulse für gute Verkaufschancen zu initiieren, dann geht sein Energielevel in den Keller. Natürlich ist er fit, er trainiert regelmäßig. Auch mag er es, vor Publikum zu stehen und diese dazu zu bewegen, dass sie etwas in ihrem Verhalten als Verkäufer verändern. Dennoch merkt Kimba, dass er jede Woche das Gefühl hat, einen großen Berg hinauflaufen zu müssen. Er hätte gerne mehr Zeit. Zeit, um neue Formate und Methoden für Trainings zu entwickeln. Zeit für seine kleinen Löwenkinder und seine Frau. Natürlich könnte Kimba einfach seinen Tagessatz erhöhen. Aber ob dann das Problem gelöst ist, das glaubt er nicht. Denn die Kunden, die bereit sind, mehr zu zahlen, sind noch weiter weg und das bedeutet noch mehr auf Reisen zu sein, quer über den Kontinent. Also wäre das zwar eine Option, aber sie ist nicht wirklich attraktiv.

Kimba schnappt sich den Kinderwagen und seine Frau Libanella für einen langen, langen Spaziergang durch einen wunderschönen Blumenpark. Dort duftet es an jeder Kreuzung anders. Die farbenprächtigen Blüten spiegeln sich in den Augen der kleinen Löwenkinder wieder und zeigen einmal mehr, was die Natur zu bieten hat. Eine Oase des Glücks. Gerne nimmt sich Kimba abends nach einem langen Tag die Zeit, durch diesen Park einen Abendlauf zu machen, um dort seinen Pfoten Auslauf zu gewähren, damit er wieder mit allen Vieren fest auf dem Planeten steht.

Die große Frage, die Kimba sich stellt, lautet: Wie kann er seinen bisherigen Erfahrungsschatz so einsetzen, dass er weniger arbeitet und dafür wesentlich mehr Freiheiten hat? Natürlich hat er Respekt davor, ein völlig neues Geschäft aufzubauen. Er weiß auch, dass das nicht mal eben so einfach ist. Ihm ist aber auch klar, dass seine graue Strähnen in der Mähne nicht weniger werden, es sei denn, er beginnt diese, ab heute zu färben.

Was sind Kimbas Eckdaten, um sich Gedanken um eine neue Existenz zu machen, die die Angst vor dem Versagen schmälert?

1. Kimba möchte das Geschäft nicht nur durch seine Persönlichkeit ausbauen können. Sondern es muss so funktionieren, dass er dieses Geschäft auf andere Geschäftspartner übertragen kann, ohne dass er ständig im Geschäft vorweggehen muss. Also müssen Standards und Prozesse her, eine Ausbildung für die Mitarbeiter, die diese absolut fit machen, sicher begleiten und alle Fragen zum Kundenservice beantworten.

2. Kimba möchte längere Zeiten im Jahr einfach Zeit haben, sich um seine Familie zu kümmern und Zeit haben, Bücher zu schreiben sowie wissenschaftlich zu arbeiten. Denn das macht ihn stolz, das gibt ihm Energie und daraus zieht er Inspiration für neue Projekte.

3. Kimba möchte, wenn es ihm gefällt, dass er die Geschäfte in einer sinnvollen und vor allem lukrativen Nachfolge-

lösung so übergeben kann, dass er danach finanziell unabhängig ist.

Das sind seine wesentlichsten Rahmenbedingungen, um mit der Unsicherheit und der Angst vor dem Versagen seines Traumes fertig zu werden. Ihm wird ganz schnell klar, dass das nur mit Geschäftsmodellen funktioniert, die einem Standard folgen und bei denen es jederzeit Nachfolger gibt, die ohne große Vorkenntnisse und Einstiegshürden wie Ausbildungen und Qualifikationen eingearbeitet werden müssen. Von dieser Seite aus hat Kimba das noch gar nicht gesehen. Bisher ging es allein darum, sich selbst im Sonnenlicht zu wärmen und allen zu zeigen, wie cool er ist. In seinen Veranstaltungen fragt Kimba des Öfteren nach Namen von bekannten Businessrednern und Sachbuchautoren, den vermeintlich großen Playern der Branche und stellt ernüchternd fest, dass diese kaum jemand kennt. Auch das ist ein Grund, warum Kimba für sich beschlossen hat, einem anderen Geschäftsmodell den Vorrang zu geben.

Außerdem hat Kimba die Nase voll vom Diktat der Banken. Er möchte sein neues Firmengebilde gerne auf gesündere Füße stellen. Von vielen Geschäftskollegen weiß er, dass die nach lukrativen Geldanlagen suchen und möglichst sicher und unabhängig sein wollen. Von daher schwebt ihm eine Finanzierung auf privatwirtschaftlicher Ebene vor. Er ist sich sicher: Sollte er dann flexibel auf positive Erweiterungen wie Zukäufe reagieren müssen oder könnte einmal im Jahr die zu erzielende Rendite nicht zahlen, dann würden diese Geldgeber, da selbst Unternehmer, garantiert damit anders umgehen werden als es Banken tun.

Darüber hinaus hat sich Kimba Gedanken gemacht, welche Absicherungen es noch geben kann. Er ist ein Profi darin, neue Geschäftsnetzwerke aufzubauen und hat einige Jahre Erfahrung darin. Bereits heute arbeitet er aktiv für das größte Geschäftsnetzwerk der Welt. Das sichert ihm den Zugang zu fast allen Unternehmen in einer Region und zusätzlich attraktive Aufträge. Mittlerweile kennt er so sehr viele Herden auf dem gesamten Kontinent. Und ganz gleich, in welcher Region er einen bestimmten Kontakt zu einem besonderen Unternehmen sucht, er findet über sein Netzwerk meistens jemanden, der einen qualitativ guten Zugang hat.

Die zweite Säule in Kimbas Konzept sind Hotels und Pensionen, die eine Nachfolge suchen und etwas in die Jahre gekommen sind. Denn das ist einer seiner Pläne: Hotels und Pensionen, die um die 20 Betten haben, werden mindestens ein Drittel unter dem Marktwert verkauft. Dazu sind deren Bewertungen auf den Online-Plattformen nicht so gut und die Besitzer haben nicht die Energie, die Hotels in die neue Zeit zu führen. Sowohl seitens eines effektiven Marketings als auch bezüglich der Erneuerung der Inneneinrichtung, genauso wie das Integrieren eines exzellenten Services für die Gäste – diese Punkte nimmt sich Kimba vor. Kimba kennt so ein ähnliches Prinzip bereits von einem seiner Kunden, der das mit Pflegeheimen macht. Und das i-Tüpfelchen ist, dass die Hotels in der Region, die er bevorzugt, so verteilt sind, dass Kimba die wöchentlichen Treffen des Geschäftsnetzwerkes, das er parallel in der Region aufbauen wird, dann in seinen Hotels abhalten kann. Somit hat Kimba eine zusätzliche Auslastung während des ganzen Jahres und zugleich wird sein Hotelgeschäft massiv unterstützt, da viele Unternehmer in der Region morgens zum Frühstücken in seine Hotels kommen. Eine ideale geschäftliche Ergänzung.

In seinem bisherigen Berufsleben hat Kimba so viele Projekte umgesetzt, begleitet, saniert und wieder ins Fahrwasser gebracht, dass er sich absolut sicher ist, dass das genau das Richtige, zu ihm Passende ist. Dazu kommt noch, dass seine Frau Libanella aus dem Hotel-Bereich kommt. Natürlich hat Kimba Respekt vor der Aufgabe. Er ist sich sicher, dass er es schaffen wird, denn er überlässt nichts dem Zufall. Das Konzept ist bereits seit einigen Monaten in Arbeit und er hat, um sich abzusichern, Meilensteine gesetzt, die mit Ausstiegsszenarien versehen sind. Auch für die gewonnenen Finanziers. In zehn Jahren, ist sich Kimba sicher, kann er auf dieses Gebilde blicken und weiß, wofür er die mehr als 25 Jahre zuvor durch viele unternehmerische Risiken gegangen ist, um genau das jetzt erfolgreich zu vereinen. Mit Argusaugen wacht er über jede noch so kleine Facette des Projektes und das kann Kimba, weil er so unendlich viele Erfahrungen hat. Außerdem hat er in seinem Team Realisten und Kritiker, die jede seiner Entscheidungen hinterfragen. Und nur wenn Kimba die auf den Punkt genau beantworten kann, umgesetzt wird. Er ist sich absolut sicher, jetzt endlich, all das, wofür er bisher gearbeitet hat, auf den Punkt zu bringen. Das entfacht so viel Energie, dass er sich wie der größte Löwe auf dem Kontinent fühlt, der auf einem Felsenvorsprung steht und mit wachen Augen, sein unendliches, bis an den Horizont reichendes Territorium überblickt. Was für ein gewaltiges und stolzes Gefühl.

Löwenweisheit Nimm all Deinen Mut zusammen und setze Dich in einen gläsernen Fahrstuhl. Ohne, dass Du das Ende sehen kannst, fährst Du in den obersten Stock Deines Lebens. Dann blickst Du durch den transparenten Glasboden auf einige Kilometer entfernte Erde zurück und fängst an, Dir Dein künftiges Geschäftsleben auf die Landschaft zu malen. Und denke daran: Was wirst Du an dem Tag tun, an dem Du Deinen 75. Geburtstag feierst? Wer wird um Dich herum sein? Wie wirst Du feiern? Und wie erfüllt ist Dein Leben, jeden Tag bis hier hin gewesen?

12
Baue Dir Dein Denkmal!

Lono

© Springer Fachmedien Wiesbaden 2016
R. Wendt et al., *Die Löwen-Liga: Stolz schafft Erfolg,*
DOI 10.1007/978-3-658-09353-2_12

Lono arbeitet jeden Tag daran, sein monatliches Einkommen zu sichern. Er arbeitet lange und ist sehr gewissenhaft, fleißig und auch kreativ. Natürlich legt er das ein oder andere für seine Rente zurück, aber ob es dann reichen wird, dass kann Lono nicht einschätzen. In seinem Beruf als Trainer ist er gut gebucht, viel unterwegs und schafft es auch immer wieder alle Unwägbarkeiten zu umschiffen oder irgendwie zu lösen.

Was ihn beschäftigt ist, was von seiner Arbeit bleiben wird? Natürlich ist es schmeichelhaft, wenn die Kursteilnehmer sehr gute Bewertungen abgeben und es spornt ihn auch an, seine Formate an den Zeitgeist anzupassen und mit modernen Methoden andere Tiere dazu zu bewegen, etwas zu verändern. Aber was wird bleiben? Was wird er bei jedem Einzelnen verändert haben? Als wen wird man sich an ihn, an Lono, erinnern?

Diese und andere Fragen zu seiner Art, im Alter zu leben, beschäftigen ihn schon seit mehreren Monaten. Durch seine Kollegen kommt er mit Fachbuchprojekten in Berührung, zum Beispiel solche, die er mit mehreren Autoren gemeinsam durchführen kann. Eine sehr gute Idee, wie er findet, sein Wissen breit zu streuen. Außerdem hat er nicht die ganze Arbeit, sondern muss nur seinen Beitrag schreiben. Und die anderen Kollegen verkaufen das gemeinsame Buch ja auch. So werden seine Beiträge viele Interessierte zu lesen bekommen. Eine geniale Idee, denn außerdem ist sein Anteil an den Produktionskosten durch die vielen Autoren nicht so groß und das Risiko minimiert sich für ihn. Dieses Projekt ist ein guter Anfang.

Relativ schnell ist Lono dabei und schreibt seinen Beitrag mit viel Engagement und Leidenschaft. Gut, er hatte sich gedacht, dass das etwas einfacher sei, aber nach zwei Korrekturschleifen ist er so gut wie fertig. Von den anderen Kollegen, die mit an dem Werk schreiben, kennt er zwei. Auch das war für ihn ein positiver Ausschlag, dass er sich daran beteiligt, denn beide hatten schon diverse Bücher veröffentlicht und die müssen es ja wissen, oder? Lono fokussiert sich auf eine Hauptaussage zu seinem Hauptthema und packt das in 20 Buchseiten, komprimiert und überarbeitet, wandelt ab und versucht es, mit praktischen Hilfestellungen so transparent wie möglich zu machen. Er selbst ist mit sich zufrieden. Bei den Korrekturfahnen sind nur einige kleine Änderungen drin. Da ist Lono schon überrascht, denn er hatte mit mehr Änderungen aus dem Lektorat gerechnet, um seinem Beitrag noch mehr Feinschliff zu geben.

Zwölf Wochen später
Der große Moment. Das Paket mit seinen Exemplaren wird schnaufend vom Zebra-Paketboten auf den Tresen gelegt. Er öffnet den Karton, nimmt ein Exemplar in die Hand, als würde er ein rohes Dinosaurier-Ei, das es auf der ganzen Welt nur einmal gibt, in den Händen halten. Mit sanften Fingern blättert Lono das Buch bis zu seinem Beitrag vor. Ja, da ist er. Sein Name, sein Beitrag ist gedruckt. Ein klarer übersichtliches Satz, die Inhalte leicht verständlich und vor allem für das schnell lesende Auge gut erfassbar, schnörkellos und ohne grafische Irritation. Das Papier ist ein gutes Recyclingpapier, auf dem Stand des aktuellen Ökostandards, den der ganze Kontinent derzeit ereilt hat. Ansonsten ist nichts Störendes zu erkennen. Auf der Buchrückseite findet er die Autoren aufgelistet. Ihn beschleicht der Gedanke: „War das jetzt die richtige Entscheidung?" Er liest sich die

anderen Beiträge durch und hat das Gefühl, dass das Thema von allen Seiten, in den unterschiedlichsten Facetten sehr gut beleuchtet wird. Das klappt richtig gut. Zwar ist es für den Leser etwas anspruchsvoller, denn dieser muss sich ein wenig in die unterschiedlichen Schreibstile einfinden. Es ist dennoch dadurch besonders interessant, wie unterschiedlich Autoren an ein zentrales Thema heran gehen. Jetzt freut sich Lono darauf, zusammen mit den anderen Autoren die großen Bühnen dieser Welt zu erobern und ein möglichst breites Publikum mit Denkanstößen zu begeistern. Denn wie fast alle bewegen sich viele in der Komfortzone und die zentrale Aufgabe eines Autors ist es, diese durch Fragen und Beispiele zu stören oder wachzurütteln, sodass der Leser die Chance hat, seine Komfortzone zu verlassen.

Was kann er tun, um ein noch stärkeres Vermächtnis, zu hinterlassen, dass die Tiere, mit denen er arbeitet, auf ihren persönlichen Weg weiter bringt?

Da kommt Lono eine Idee. Sein Bruder Kimba, der hat immer die Nase für den richtigen Riecher, den wird er einmal zu einem persönlichen Gespräch, schön bei Löwenwein und Gazellengeschnetzeltem einladen, ob der nicht eine Lösung hätte.

Wie möchtest Du Dein Wissen mit der Welt teilen?
Es gibt sehr viele Möglichkeiten, das eigene Wissen weiterzugeben. Da nicht jeder jede Erfahrung selbst machen muss, ist es sinnvoll sein eigenes Wissen an die kommende Generation oder an das Umfeld weiter zu geben. Du kannst ein Buch schreiben, einen Podcast machen, einen Ratgeber herausbringen, einen Internetblog schreiben, Geschichten

erzählen und so weiter. Wichtig ist nur, lege für Dich fest, wie Du Dein Wissen weitergeben möchtest.

Kimba

Kimba freut sich sehr über die Einladung seines Bruders. Seit dem Jagdunfall, bei dem ihre Eltern ums Leben kamen, haben sich die Wege der Brüder getrennt und sie haben sich aus den Augen verloren. Als kleine Löwen spielten sie so laut, dass sie sich bis heute sicher sind, dadurch die Jäger auf die Fährte ihrer Eltern gelenkt zu haben. Gesprochen haben sie darüber nie, aber irgendwie stand es immer in der Savanne, als unausgesprochener Vorwurf seitens des alten Rudels.

Sanfter Kerzenschein erfüllt die sehr geschmackvoll eingerichtete Höhle von Lono. Der Löwenrotwein duftet schon aus der Karaffe und auf dem Herd, brutzelt neben den krossen Bratkartoffeln, das Gazellengeschnetzelte, in der viel versprechenden Sahnesauce. Schön, dass er das auf seine alten Jahre noch erleben darf. Und gut, dass sein Bruder diesen ersten Schritt gemacht hat, denn er war ratlos gewesen, wie er es anfangen solle. Trotz all seiner Erfolge war dies immer ein schwarzes Kapitel in der Familiengeschichte. Sie wurden damals unsanft getrennt und stoben, mit der nackten Angst hinter der jungen Mähne, durch die Savanne in verschiedene Richtungen auseinander. Zwar hatte Kimba im Löwenanzeiger gelesen, dass Lono an einem Buchprojekt mitgemacht hatte, aber er hat einfach nicht den Mut aufgebracht ihn darauf anzusprechen.

Heute Abend ist der Abend der Brüder.

Und so kommen sie langsam ins Gespräch. Lono ist total neugierig und will unbedingt wissen, wie es Kimba mit seinem Vermächtnis hält. Natürlich hat Kimba sich dazu schon vor sehr vielen Jahren Gedanken gemacht: „Weißt Du, lieber Bruder, als ich in einer Sinnkrise war, ob es wirklich gut ist, als Unternehmerlöwe weiter selbständig zu sein, habe ich mich gefragt, warum mache ich das Ganze hier. Warum setze ich mich jeden Tag den Gefahren aus, von den Großwildjägern wie dem Finanzamt, der Rentenkasse oder anderen zur Strecke gebracht zu werden? Und genau an dem Punkt habe ich mich entschieden, dass ich etwas dafür tun möchte, dass wir Tiere es sehr viel leichter haben sollten, im täglichen Dschungel der Existenz zurecht zu kommen. Denn wir alle arbeiten hart und haben das absolute Recht darauf, stolz auf unsere Erfolge zu sein. Wir sollten diese Erfolge mehr feiern dürfen, ohne dass uns der Nachbar mit Neid und Missgunst begegnet, im Gegenteil, dieser Nachbar sollte Ansporn sein, selbst etwas Bleibendes zu schaffen.

Jetzt fragst Du Dich sicherlich, wie ich das angegangen bin:

1. Ich habe mir überlegt, was ich in einem Jahr so alles beruflich bewege. Dabei ist mir aufgefallen, dass ich mit vielen hunderten Tieren spreche und zwar auf den unterschiedlichsten Ebenen. Einige sind meine Teilnehmer, andere hören meine bezaubernden Vorträge und viele lerne ich in persönlichen Gesprächen oder intensiven Beratungen kennen. Wie kann ich diese so erreichen, dass sie über ihr Tun und damit ihr Leben nachdenken? Das einfachste schien mir, könnte ein Buch sein. Ein Buch, das ich ganz alleine schreibe und mit meinen Gedanken fülle. Außerdem enthält es eine Möglichkeit, für sich ein Vermächtnis zu setzen. Denn das einzige, was bleibt, sind Veränderun-

gen, die unseren schönen Kontinent für unsere Kinder attraktiver machen. Was nichts bringt, ist, sich auf die eigene Schulter zu klopfen, was für ein genialer Löwe man ist, das ist einfach zu wenig.

2. Was kann ich tun, damit die Tiere über mein Thema reden? Dafür reicht ein alleine Buch nicht. Da musst Du etwas Großes bewegen und vor allem hinterlassen. Also bin ich hingegangen und habe ein Geschäftsnetzwerk in meiner Region aus dem Boden gehoben. Eines, nach guter alter Kaufmannsart, wo man sich in die Augen schaut und mit einem Handschlag das Geschäft besiegelt. Ohne lange Vertragstexte, die so viele Klauseln enthalten, damit die Anwälte ein sicheres Einkommen haben, wir als Unternehmer aber meistens außer den Kosten nur noch das Nachsehen haben, wenn es denn tatsächlich mal wieder zu einem Streit kommt. Wie bin ich auf die Idee gekommen? Ganz einfach. Wenn Du Dich in den alten Hansestädten umsiehst, dann findest Du viele Straßen, die nach ehrbaren Kaufmannsleuten benannt sind. Auch wenn heute die Geschäfte teilweise andere Wege nehmen, global aufgestellt werden, so haben diese zumindest Unternehmen oder Ideen hinterlassen, nach deren Werten heute andere Unternehmer wieder streben. So bin ich auf die moderne Form des „Miteinander Handelns" gekommen und habe ein Netzwerk, das auf Partnerschaft aufbaut, initiiert.

3. Und dann habe ich mir überlegt, was kann und vor allem möchte ich meinen Kindern hinterlassen. Mein Vermächtnis*. Da ist es mir wichtig, dass sie mit dem Herzen dort sind, wo sie es für richtig empfinden. Dass sie gerne geben und andere unterstützen, ihr Leben aktiv zu ge-

stalten. Und das ist etwas, was ich immer gefördert habe. Es geht nicht darum materiellen Reichtum anzuhäufen, denn der ist vergänglich und macht vor allem träge, fördert nur den Neid oder den Geiz, je nach Tagestimmung. Wenn Du in der Lage bist, mit Deinen Gedanken und Gefühlen kreativ umzugehen und in Lösungen zu denken, dann geht die Sonne auch auf, wenn es draußen nur so Schildkröten regnet.
*Am Ende des Textes findest Du ein Vermächtnis als Muster.

„Das sind meine Lebenssäulen, auf die ich mein Vermächtnis aufgebaut habe. Wie Du siehst, nichts, was Du nicht auch ganz locker machen könntest. Und jetzt stelle Dir vor, jedes Tier bei uns auf dem Kontinent, das dazu in der Lage ist, handele so. Was meinst Du, wie schnell sich die Welt des Herumjammerns in eine Welt voller Tiere ändert, die stolz und voller Freude auf jeden Tag ihres Lebens zurückblicken und daraus eine unbändige Kraft schöpfen, für die Aufgaben, die Morgen anstehen? Kein Neidgefüge mehr, keine Missgunst nur noch der Wille untereinander zu unterstützen und zu helfen."

Kimba nimmt genüsslich sein Rotweinglas, lehnt sich zurück und wischt sich mit der Serviette die letzten Saucenreste von seinen Schnauzhaaren. Ein wirklich, wirklich schöner Abend.

Löwenweisheit Du musst keine Länder erobern oder jemanden retten, wichtig ist es, dass Du für Dich selbst ein klares Ziel hast. Wie beim Navigieren, wenn Du Dich mit dem Jeep zu neuen Zielen aufmachst. Denn dort gibst Du im Navigationssystem auch ein klar definiertes Ziel ein, sonst weiß das Navi nicht, wohin es Dich bringen soll. Nimm Dir etwas Zeit und schreibe auf, was Dein persönliches Vermächtnis sein wird, was Du dieser Welt hinterlassen möchtest. Und dann frage Dich bei jeder Entscheidung auf Deinem Lebensweg, ob Dich diese Entscheidung Deinem Vermächtnis näher bringt. So kannst Du mit Stolz und Freude in tiefer innerer Zufriedenheit auf Dein Leben zurückblicken.

13

Es zählt jeder einzelne Moment, der Dein Leben bereichern wird!

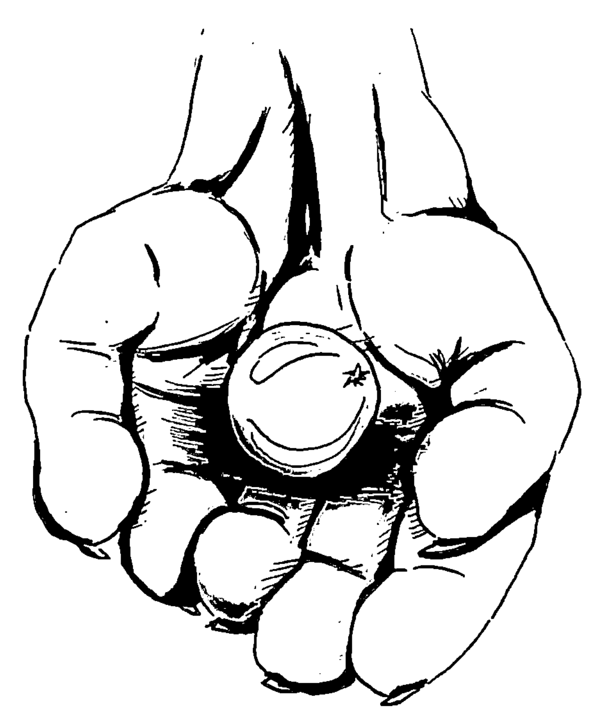

© Springer Fachmedien Wiesbaden 2016
R. Wendt et al., *Die Löwen-Liga: Stolz schafft Erfolg,*
DOI 10.1007/978-3-658-09353-2_13

Kimba und Lono treffen sich nach diesem Wiedersehen jährlich und Lono lernt viel von Kimba. Im Team geht es wesentlich leichter, als allein und einsam zu überleben. So macht es sich Lono zu eigen, stets Kimba um Rat zu fragen, wenn eine Entscheidung ansteht, die etwas größere Auswirkungen auf sein Leben haben könnte,. Meistens stellt Kimba, wie aus der Pistole geschossen, die richtigen Fragen, sodass Lono es sehr leicht fällt, die Entscheidung zu treffen, nachzujustieren oder sein zu lassen.

Seitdem sich beide wieder näher gekommen sind, geht es Lono wesentlich besser, und Kimba, der immer nur auf seine Karriere geschaut hat, bekommt als Geschenk einen zusätzlichen Familienanschluss. Beide haben sich aus dem Konkurrenzdenken, wie es bei den anderen Tiere oft Alltag ist, so zum Beispiel bei den Gorillas, wenn die Silberrücken sich wieder gegenseitig hochpuschen, wer von ihnen denn die hübschesten Weibchen in seiner Gruppe hat wer die grünsten Plantagen für die Gruppe findet oder wer die meisten Touristen in die Büsche geschubst hat, zurückgezogen. Diese ganze Neidgesellschaft, die nur darauf ausgerichtet ist, äußeren Wohlstand nach außen zu tragen, innerlich aber ohne Zufriedenheit ein seelenloses Leben lebt, geht ihnen am Schwanzende vorbei.

Beide wünschen sich, dass es mehr und mehr Löwen gibt, die sich ihnen anschließen, um ganz normal, ohne Missgunst miteinander zu leben. Einige der anderen Tiere sind auch schon auf einem guten Weg. Und beide sind sich sicher, wenn es gelingt, dass knapp die Hälfte der Tiere so lebt, dann erst wird sich die Gesellschaft auf dem Kontinent oder zumindest in ihrer Region nachhaltig verändern.

Für den ein oder anderen mag das etwas heroisch und heldenhaft wirken. Aber stolz zu sein, auf das, was ich als Individuum erreicht habe, hat selten mit der Anhäufung von Banknoten zu tun, sondern mehr mit dem, wo das Herz seine Kraft entfaltet. Dass es manchmal Nebeneffekte gibt, wie das tatsächliche Anhäufen von Banknoten, ist wie schon gesagt, ein Nebeneffekt, aber nicht der Haupttreiber.

Stellt sich abschließend die Frage: Du stehst wieder ganz oben, im gläsernen Fahrstuhl Deines Lebens – Kilometer über der wunderbaren blauen Erde – und schaust nach unten auf Deinen bisherigen Lebensstrahl: Worauf kannst Du so stolz sein, dass Dein Herz Deinen Brustkorb zum Platzen bringt? Auf was möchtest Du in Deinem Leben zurückblicken? Was möchtest Du Deinen Kindern hinterlassen oder voller Inbrunst erzählen können?

Darauf möchte ich stolz sein können:

1. ____

2. ____

3. ____

4. ____

5. ____

Nimm Dir die Zeit, die Du benötigst, um diese wesentliche Frage für Dich zu beantworten. Denn in dieser Antwort steckt ein wesentlicher Teil Deiner Lebenskraft, die Dich in jedem Lebensmoment aus Krisen oder sonstigen Unwägbarkeiten wieder auf den Weg des Möglichen führt. Und wenn

Du Dich für etwas in Deinem Leben entscheiden musst, dass eine große Tragweite hat, dann hole Dir Deine fünf Punkte hervor, auf die Du Stolz sein möchtest und frage Dich: Wie bringt mich diese Entscheidung, meinem Ziel, auf das stolz zu sein, was mich ausmacht, weiter?

Stolz zu sein, ist eine Lebenseinstellung. Wenn Du Dir dessen bewusst bist, was Dich stolz macht, dann wirst Du hungrig auf mehr. Und natürlich hat innerlich stolz zu sein, etwas mit Macht zu tun. Macht über Dich selbst, die Dir niemand nehmen kann. Du selbst hast es in der Hand. Es ist Dein Lebensentwurf.

Lono und Kimba: Scheitern gehört zum Erfolg, beide Anteile bringen Dich ins Gleichgewicht. Lasse sie zu und lebe danach. Denn nur, wenn Du scheiterst, erkennst Du, wann etwas erfolgreich ist und weißt es wertzuschätzen.

* Das Vermächtnis – ein Muster

Mein Vermächtnis

Der Einstieg in das Vermächtnis beschreibt die wesentlichen Merkmale, Werte und Eigenschaften, die Du als Person in Deinem Leben erstrebenswert findest.

Beispiel

Mit … haben wir einen … unter uns, dem es immer wichtig ist, ehrlich mit seinen Partnern, Freunden und der Familie umzugehen. Er will sie stets zu den Höchstleistungen anregen, die er in ihnen sieht, und das mit einem Lächeln auf den Lippen. Es ist ihm sehr wichtig, anderen dabei tief in die Augen zu sehen. Bemerkt er, dass Menschen hinter seinem Rücken Pläne gegen ihn schmieden, hinterhältige Pläne, die ihn tief ins Herz treffen, dann zieht er sich aus der Situation zurück.

© Springer Fachmedien Wiesbaden 2016
R. Wendt et al., *Die Löwen-Liga: Stolz schafft Erfolg*,
DOI 10.1007/978-3-658-09353-2

Was ist Dein Herzensthema, mit denen Du die Menschen bewegen möchtest, etwas für sich selbst zu tun?

Beispiel

… liegt es immer sehr am Herzen, den Menschen Mut zu geben, dass zu tun, dass in ihnen schlummert. So wird das Thema „Stolz zu sein, auf das, was jeder in seinem eigenen Leben erreicht hat" zu seiner Maxime. Mit jedem Satz sagt er jedem, der es hören wollte: Schaue auf Dein Leben. Und egal, was Du gemacht hast, es hat Dich auf Deinen Weg weitergebracht. Merkst Du, wie der Stolz Dein Herz entflammt, Deine Augen vor Energie sprühen? Das bist Du. Du ganz allein. Niemand kann das in die zum Leuchten bringen. Nur Du selbst. Und es spielt keine Rolle, ob Dein Weg gepflastert war mit vielen Pollern, die Dich demoliert haben oder ob Du jederzeit am Wegesrand eine Bank gefunden hast, um Dich auszuruhen. Dein Weg ist Dein Weg. Darauf sei stolz. Das ist Deine unbändige Energie, die kann Dir niemand nehmen.

Welche Momente sollen Dein Leben bereichern?

Beispiel

Wir haben viel erlebt und uns hoffentlich die schönen Momente zu der Zeit gegönnt und genossen, in denen sie bettelnd vor uns stand. Denn schöne Momente lassen sich nicht konservieren. Selbst das beste Obst leidet, wenn es in die Konserve kommt. Die beste eingefrorene Nahrung (selbst Gazellengeschnetzeltes) lässt beim Auftauen in der

Qualität nach. Denn es handelt sich immer um eine Störung des natürlichen Ablaufs. Und … steht dafür ein: Ein schöner Moment steht vor Dir, also genieße ihn.

Ein Blick hinter die Kulissen. Was möchtest Du nicht wiederhergeben?

Beispiel

Jeder von uns trägt sein Leben als Perle in seinem Herzen. Diese Perle ist manchmal von einem harten Panzer umschlossen. Manchmal liegt sie frei und andere möchten nach ihr greifen. Dann merken wir, dass unser Herz schmerzt. Manchmal denken wir sogar, sie sei uns entführt worden. Das ist sie nicht. Nimm diese Perle in Deine Hand, lege sie tief in den Handteller, hole frische Luft durch Deine Lungen, atme tief, ganz tief ein und jetzt pustest Du ganz sanft und leicht über Deine Handfläche. Siehst Du, wie die Perle wieder anfängt zu strahlen und sich der Staub und der Schmutz der Diebe, die Dir Dein Leben stehlen wollten in Luft auflöst. Dazu hat niemand ein Recht. Und das wichtigste ist: Lerne, wie Du genau das nicht zulässt.

Stärke hat nichts damit zu tun, andere niederzumachen, das ist Dummheit. Stärke ist allein, wenn Du Dein Feuer dazu einsetzt, ein kleines Rädchen in dieser Welt zu verändern, und zwar so, dass es positiv in Erinnerung bleibt. Ob Du das wörtlich nimmst oder mental für Dich verankerst, das spielt keine Rolle. Achte mal drauf, wie viele Tiere mit leeren Augen durch die Prärie ziehen, als wären ihre Körper anwesend, ihre Seelen jedoch auf einem anderen Planeten beschäftigt. Lass dass für Dich nicht zu. Du bist hier und vor allem bist Du jetzt.

Was ist Dein Appell, den Du in Deinem Vermächtnis verkünden möchtest?

Beispiel

Nimm Dein Herz. Sei stolz auf die Dinge, die Dich geprägt haben, denn dadurch bist Du ein absolutes Original und keine Kopie eines Lebens, das Du nicht wolltest. Zeige den Menschen um Dir herum, warum Dein Herz, wenn es in Flammen steht, andere an Deinen Lippen hängen lässt. Andere auf Dich neugierig macht. Du bist das Original. Nicht mehr und nicht weniger, das allein möchte Kimba bei denen, die es zulassen, anstupsen.